認識自己

在雅典遇見
蘇格拉底

林郁 主編

前言

　　西塞羅（前106～前43，古羅馬政治家、哲學家、自然法之父）說蘇格拉底是世上最聰明的人，他使哲學從天上來到了人間。

　　由於，蘇格拉底出生在古希臘戰亂的時代，當時社會的道德價值觀十分低落。因此蘇格拉底認為人類的救贖，就要從「認識自己」為起點，這也是他一生的哲學觀。

　　然而，這個最偉大的哲學家，平生卻沒有一本著作，今天我們要了解他，主要見於色諾芬（大約前430～前354，古希臘哲學家、歷史學家）的回憶錄，以及他的弟子柏拉圖，還有柏拉圖的弟子亞里士多德等人的字裡行間。

　　歐洲文明的故鄉希臘，為人類貢獻了三位哲人。

　　他們就是：蘇格拉底、柏拉圖和亞里士多德。

　　被稱為希臘聖哲的蘇格拉底（前470～前399），出生在希臘著名的文化之鄉──雅典。雖然是雅典公民，但他出身卑微，父親是一位雕刻師，母親是一位接生婆。他生來很醜，鼻樑塌陷，而且肚子很大。也許其貌不揚，他的

父母並沒有對他抱有很大的期望，只不過要他學點雕刻技術來養家糊口罷了。

　　成年後的蘇格拉底是一個脾氣古怪的思想家，身上一年四季披著一件破舊的大氅，即使冬天也不穿鞋，光著腳和別人在冰上踱步。他的生活簡樸至少一部分是由於經濟的緣故。自從放棄了雕刻生涯，當上了哲學家之後，他就窮了起來。他白天在街頭巷尾和無業遊民「談話」、「討論」、「爭執」，這種事業當然不會給他帶來用以養家的收入，於是到了晚上，他就要去聆聽妻子的嘮叨。有時，他一見到妻子的身影就心驚肉跳，望風而逃，在這裡一切超人的哲學都不管用了。

　　他也當過兵，任過執政官，曾被選進五百人議會。可是他的主要成就還是在於他的思想。他在自己的思想活動中，創造了一種教學方法叫做「產婆術」。「產婆術」就像醫生引導孕婦將嬰兒生下來之意的教導模式，這種以產生智慧的對話方式，必須對方也具有良好的邏輯能力與洞察力。簡而言之，非死記硬背的讀死書，而是以腦力激盪的思考模式，去發掘學問。

　　蘇格拉底在和別人爭論的時候，總是先來一套帶有芒刺恭維讚美的話，然後用看來愚昧的話來反駁別人看來充滿智慧的言論，用一連串無法回答的問題來拆除別人立論的基礎，同時建立自己的新立論基礎，直至達到無以駁難的程度——就是用這種方法，這位口頭評論家表現了絕頂

的智慧。久而久之，他的名字在雅典家喻戶曉，以至他在上午的談話，可能到了晚上便全城無人不知了。

由於他超凡的見解與睿智，在他周圍常聚集起一大批青年求學者，然而，這卻導致了他的殺身之禍。他被指控：不敬雅典的正神，自創邪教迷惑眾生，散布邪說敗壞青年，並因而被判死刑。儘管在臨刑前還有一些辦法可以免於一死——或向法庭認罪求赦，或逃跑，或交一筆贖金，但這一切都被蘇格拉底拒絕了。

他在談笑辯論中靜待死神的到來。他的這種「迂」勁，表現了蘇格拉底精神中那種傳統的菁華：為真理、為榮譽、為法律，即為理想獻身的精神。

蘇格拉底死了，但他的思想被他的學生們廣泛傳播。他的著名的學生柏拉圖（前427～前347）著有《理想國》《柏拉圖對話集六種》《柏拉圖五大對話集》《泰阿泰德・智術之師》《蘇格拉底的申辯》《巴曼尼德斯篇》《文藝對話集》。在古今中外的思想家中，可說是天之驕子。柏拉圖的祖先當過雅典的皇帝，母親是大立法家梭倫的後裔，可說是名門望族。他自己生來漂亮，儀表堂堂，肩寬背闊。他有強烈的求知欲，尤其注重追求智慧。

他和他的同學投師蘇格拉底，對蘇格拉底衷心敬佩，唯命是從，隨蘇格拉底穿行大街小巷，逢人發問，辯疑解惑，傳播智慧。他當過騎兵，畫過畫，寫過史詩和悲劇，

也曾想從事政治活動。在蘇格拉底死後,柏拉圖被迫遠走他鄉避難,遊歷了許多地方。

　　回到雅典後,柏拉圖四十歲,這時他已博學多聞、胸羅萬有了。加上這時蘇格拉底事件已被人們淡忘,於是他在雅典城外一個公園裡創辦了一個——「柏拉圖學園」,講述蘇格拉底主義或柏拉圖主義。由於柏拉圖出眾的口才和思想,任何獲准在柏拉圖學園聽他授課的人,哪怕是只聽很少次講課,都心甘情願跋山涉水來到學園聽講,其中包括著名的思想家亞里士多德。

　　在這裡,柏拉圖以蘇格拉底為主角,採用對話形式創造一個《理想國》(前390年左右完成,共十卷),企圖以「內聖外王」(即內心成就聖賢之德,外表推行仁政王道)的政治哲學培養一個聖哲明君。結果他也遭到指控,雖然倖免一死,但被官方拍賣為奴。後來是一個愛好哲學的奴隸主恢復了柏拉圖的自由。最後,在一個朋友的婚禮的歡笑聲中,他到死亡的理想國中享受永久的和平去了。

　　亞里士多德(前384～前322)著有《形而上學》《物理學》《政治學》《雅典政制》《工具論》《詩學》《動物四篇》《動物志》等作品。是蘇格拉底一脈哲學最後也是最偉大的擁護者。他十八歲的時候加入柏拉圖學園。雖然他不是雅典人,但他有顯赫的家世。這個來自斯塔吉拉的貴族神童,衣著華麗,舉止儒雅,聲調柔和,有時故作

斯文。他的老師常告誡他，一個追求真理的人不應該過分打扮，但他並不是金玉其表，敗絮其中的花花公子。他有過人的才智，強烈的求知欲和廣泛的興趣。他在那個時代已經通曉了許多尚不為人知的事情，為人類的知識寶庫增添了豐富的寶藏。他的著作涉及到政治學、戲劇學、詩學、物理學、醫學、心理學、歷史學、天文學、倫理學、自然歷史學、數學、修辭學和生物學，等等。在他以後的幾十代西方人和東方人都從中獲取了豐盛的精神食糧。

柏拉圖死後，亞里士多德因是異鄉人，被迫離開了柏拉圖學園。遊歷了一段時期以後，亞里士多德被馬其頓國王聘作亞歷山大的家庭教師。他也想用「內聖外王」的哲學來改造亞歷山大，希望大展宏圖。但是他這一套內聖外王之道並未為亞歷山大所採用。於是他只好像鬥敗的公雞似地回到雅典。幸運的是，他學而優則富，馬其頓國王為他提供了一筆數字相當可觀的學術研究費，他雇用了大量的助手到世界各地收集資料標本，然後將研究成果編入他的哲學科學百科全書裡。

政治生活的失敗使他厭倦現實生活，退守精神的堡壘、潛心研究學術。他在雅典阿波羅神廟附近的一座花園裡開辦了自己的學堂——萊森學園，吸引了各地的學生。

在學園裡，他傳道授業，上午給高級班的學生講科學的技術，下午對一般聽眾發表常識性的演講。這時他年過五十，頭頂光禿，大腹便便，但仍然衣著整潔，精神飽

滿，講起話來詞鋒犀利。他講課時從不坐著，而是邊講邊踱步，於是人們叫他「散步的哲學家」。

平靜時代很快結束，建立世界帝國的亞歷山大一死，雅典人就起來反擊亞歷山大的朋友，亞里士多德為了避免像蘇格拉底式的悲劇，選擇流亡在外，最後客死他鄉。

蘇格拉底在歐洲哲學史上起過劃時代的作用，從蘇格拉底開始，人們開始從「自然」談哲學轉到從「自我」來談哲學，在真正的哲學意義上發現了「自我」，發現了「人」，這給哲學帶來了積極的重要成果。他突破詭辯論的「人是萬物的尺度」的觀點，而聲稱「人的無形意識是世間萬物的最後尺度；塑造命運的不是神而是我們自己。」蘇格拉底完成了物質與精神的進一步分化。他對於肉體情欲的駕馭，是常常為人所強調的。

他說：「人只要具有自己的道德和信念，即使沒有朋友的贊同，沒有金錢、妻室和家庭，也會成功。」蘇格拉底在其倫理學中，強調道德與知識的統一：一方面把道德提高到知識的水平，使倫理學科學化；另一方面，把知識提高到社會的水平，使知識人化、社會化。

人們認為蘇格拉底把倫理學知識化是一種功利主義，因為他說：「知識即美德，無知即罪惡。」他認為真、善、美是三位一體，不可分離，天地間的事物不美也不會真，當然也不會善。美代表和諧、勻稱和矛盾的統一。

柏拉圖為了繼承老師的功業，在柏拉圖學園中講蘇格拉底主義。他在發展他的哲學中，目標與蘇格拉底的相似，但範圍比蘇格拉底更為寬廣些。

　　他發展了蘇格拉底的著名的理念學說。他主張在我們的耳聞目睹、形色紛雜的現象世界的背後，另有一個原理的世界，即理念的世界。理念世界是原型，是正本，而現實世界則是摹本。理念學說中有一個永恆的、不變的、普遍絕對的世界，它獨立於現象界。他也承認，相對性和經常變動性是物質世界的特性，是我們用感官觀察到的世界。這種世界就是完整的宇宙。

　　柏拉圖的倫理哲學和宗教哲學和他的理念學說緊密相關。他和蘇格拉底一樣，相信真正的美德是建立在知識基礎之上。但是來自感官的知識是有限的，可變的；因此真正的美德必然存在於善行，存在於公正的永恒的理念的合乎理性的領悟之中。由於把物質貶低到較低的位置，便使他的倫理學帶上了溫和的禁欲主義的色彩，以致於他的愛情觀被稱為「柏拉圖式的愛情」。

　　柏拉圖又是一個政治哲學家，他的「理想國」對人類產生了重大影響。在這裡他製造了一個優美的烏托邦的世界，為現代政治機構理論奠下了思想上的遠因。他是堅定的樂觀主義者，相信人類正在持續不斷地進化。他認為人的生命是從低級向高級的緩慢上升，世界從美好的實體發展到美好的制度，再從美好的制度中產生美好的思想。

　　他主張的共和國一直被那些紙上談兵的烏托邦建設者視為人類完美無缺的最高境界。這個共和國組織，不論是在過去還是在現在看來，都包含許多偏見。他設想建立一個不受個人和階級的干擾，不受利己主義影響的國家。他希望達到的，既不是以民主也不是以自由為目的，而是以融洽和效能為目的的境界。

　　他說：「除非哲學變成了我們國家的國王，或者我們叫作國王或統治者的那些人能夠用嚴肅認真的態度去研究哲學，使得哲學和政治這兩件事能結合起來，並把那些只搞政治不研究哲學，或只研究哲學而不搞政治的人排斥出去，否則我們的國家就永遠不會得到安寧，全人類也不會免去災難。除非這件事能實現，否則我們提出來的這個國家理論就永遠不能夠在可能的範圍內付諸實行。」

　　這即是柏拉圖的「內聖外王」的政治哲學。

　　在經濟方面柏拉圖提出一種徹底的共產主義，任何人除了必需的東西外，不得有任何的私有財產。城邦的目的是為了全體人民的利益而不是為了一個階級的幸福。財富和貧窮都是有害的，在理想國裡都不存在。

　　柏拉圖把共產主義也應用到家庭上來，一切東西都應該是大家共同的，包括妻子和孩子在內。女孩和男孩應該受相同的教育，因為他們本性相同。

　　柏拉圖的學生亞里士多德似乎不像其先師那樣溺於理

想，而是非常注重具體和實際。他與審美家柏拉圖以及蘇格拉底不一樣，是一個對生物學、醫學、天文學有無窮興趣的科學家。而且他比他的兩位前輩更少傾向於心靈觀點。他也沒有他的兩位先師那樣強烈的對貴族政治的同情心。當然他和柏拉圖、蘇格拉底有一脈相傳的地方，比如同樣地對絕對知識和永恒規範十分感興趣。

亞里士多德同意柏拉圖所說，一般理念（或形式）都是實在的，而來自感官的知識是有限的、不準確的。他不同意他的老師把一般說成是獨立的存在，把物質的東西降到只是它們的精神模式的黯淡的反映。相反地，他斷言形式與物質同等重要；兩者都是永恆的，而且兩者都不能彼此分開存在。正是兩者的結合，賦予一般以基本的特徵。

形式是一切事物的本源，它們是有目的的推動力，使物質世界形成我們周圍無限的多種多樣的物和有機體。所有的進化，宇宙的和有機的，都是形式和物質彼此相互作用的結果。可以認為，亞里士多德的哲學是處於唯靈論、先驗論與原子論、機械唯物論方面之間。

在宗教上，亞里士多德認為神是第一推動力。與柏拉圖的善的觀念不同，亞里士多德的神並不履行倫理的目的。神的特點是原始動力，是包容在形式之內的有目的的動作的原始來源。在他的思想體系中，似乎不曾有個人不朽的地位；所有靈魂的作用，除個體的創造理性之外，總是依存於軀體，並和軀體一起消滅。

在倫理上，亞里士多德不像柏拉圖那樣修行禁欲。亞里士多德指出，一切技術、研究、行為，都要以善為目的；個人生活和國家政治生活，都應以至善為目的。它們的目的都是相同的，但只對個人有價值的總不如對國家有價值的，所以國家的善比個人的善更大更完全。他為善提出了一個客觀標準，將善或目的分為「為它的」和「自為的」。他說有些善雖本身也是目的，但並非最後的目的。並提出了倫理學上的一般原則，即「中庸之道」，也就是不要「過」或「不及」。為了達到這個原則，必須有判斷力，首先是要有知識。

從蘇格拉底到柏拉圖和亞里士多德的倫理思想，都是理智主義的，他們認為理性——知識是判斷道德的最高原則，運用自己的理性培養自己的理性的人，似乎是心靈既處於最好的態度，而且也最與神親近。

不過亞里士多德雖然強調道德中的理性因素，他認為只有哲學的沉思才能達到最高的善，但他沒有將這一點誇大到極端。由於他尊重經驗事實，他並不認為理性是決定倫理道德的唯一標準，因為決定人們行為動機的，不單是知識——理性，還有情緒和欲望。後者也是決定人類道德的不可缺少的因素。他並不認為身體是靈魂的禁閉室，也不相信物質欲望必定是邪惡的。

亞里士多德又是政治學的創始人。他指出了國家的重要性：國家是最高的集體，以至善為目的；國家不僅僅是

一個為了進行交換與防止罪惡的社會，「國家的目的是善良的生活」，「政治社會的存在是為了高貴的行為，而不僅僅是為了單純的共同相處」。他的一句名言——「人天生是政治的動物」，是指人不能單個獨立生活，只能在社會中生活，所以是社會的動物。

人類所以高於其它動物，就在於人有理性，能辨別善惡與正義。就個人說，應該是靈魂統治肉體，理性統治情欲。在社會上，也應該由具有理性、懂得治國之道的人進行統治，而只有體力、僅能擔任勞務的人只能被統治。

亞里士多德對柏拉圖的烏托邦進行種種批判，反對賦予國家太多的統一性，反對廢除家庭，反對共產主義，因為共同的財產沒有人照管，共有的債務沒有人清償。

亞里士多德強調法律的重要性，強調法治，反對人治，因為法律是沒有感情的，沒有愛憎，不會偏私。所以他主張根據理性衡量利弊，認清正義與非正義，制定法律，對統治者加以限制，反對終身制，反對世襲制。這和柏拉圖的「內聖外王」之道有相通之處，因為他們都主張理性。

古希臘三哲人的思想是一脈相傳的，但青出於藍而勝於藍，有突破有發展。特別是亞里士多德，將他們的思想發展到了一個高峰，對人類文化產生了更大的影響。

CONTENTS

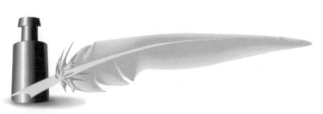

CONTENTS

PART 1

人生之路

認識自己

不要不認識自己，
不要犯大多數人所犯的錯誤；
因為儘管許多人急於察看別人的事情，
對於他們自己的事情卻不肯仔細加以察看，
因此不要忽略這件事情，
要努力多注意到你自己。
——《回憶蘇格拉底》

虛偽是人們之中常有的事。

——《回憶蘇格拉底》

青年人欲出身任事，
當以優美與和諧為其永久之方針。
人不應該以外觀為事，
須有道德之實際，
而後飾之以優美之言辭動作。
——《理想國》卷2

人們由於認識了自己，

就會獲得很多的好處，

而由於自我欺騙，

就要遭受很多的禍患。

因為那些認識自己的人，

知道什麼事對於自己合適，

並且能夠分辨自己能夠做什麼、

不能做什麼……那些不認識自己、

對於自己的才能有錯誤估計的人，

對於別人和別的人類事務也就會有同樣的情況……

由於他們對這一切都沒有正確的認識，

他們就不但得不到幸福，反而要陷於禍患。

但那些知道自己在做什麼的人，

就會在他們所做的事上獲得成功，

受到人們的讚揚和尊敬……

那些不知道自己在做什麼的人們，

他們選擇錯誤，所嘗試的事盡歸失敗，

不僅在他們自己的事務中遭受失敗和責難，

而且還因此名譽掃地，遭人嘲笑，

過一種受人蔑視和揶揄的生活。

──《回憶蘇格拉底》

理想、勇敢、節制

雄心壯志──
是鼓舞人創立豐功偉業的最大刺激劑。
　　──《回憶蘇格拉底》

自願的人在忍受苦的時候，
受到美好希望的鼓舞，
就如打獵的人能歡欣愉快地忍受勞累。
　　──《回憶蘇格拉底》

凶猛總是低於一著，
得勝的應該是高尚堅強的心懷，
只有真正勇敢的人們才能正視危難而毫不畏縮。
　　──《政治學》

勇敢者向危險之事而趨。
勇敢之人既不為可恥之恐懼，
亦不復為可恥之莽撞行事。
　　——《柏拉圖對話集六種》

那些知道怎樣應付可怕和危險情況的人，
就是勇敢的人。
　　——《回憶蘇格拉底》

儒怯者向安全之事而趨，
所有既智慧而又能自制的人，
都是寧願盡可能做對他最有益的事情。
　　——《回憶蘇格拉底》

智慧就是最大的善，
不能自制的人就使智慧和人遠離，
並驅使人走向其相反的方向。
　　——《回憶蘇格拉底》

只有能自制的人，
才重視實際生活中最美好的事情，
對事物進行甄別審定，
並且通過言語和行為，
選擇好的、避免壞的。
——《回憶蘇格拉底》

以世人而論，
凡品學高尚者，
即未嘗狂笑過度者。
——《理想國》卷2

他們既生於安逸豐饒的環境中，
閑暇愈多，也就愈要智慧、節制和正義。
——《政治學》

不能自制就不能忍飢耐渴，克制情欲，忍受瞌睡，
而這一切正是吃、喝、性交、休息、
睡眠之所以有樂趣的原因。
在經過了一段期待和克制之後，
這些事才能給人以最大的快樂。
而不能節制則恰恰阻礙了人們對於這種值得稱道的，
最必要和最經常的樂趣的享受……
惟有節制才能使人享受這些值得稱道的快樂。
　　——《回憶蘇格拉底》

勇毅和堅忍為繁忙活動所需的品德，
智慧為閑暇活動所需的品德；
節制和正義則在戰爭與和平時代，
以及繁忙和閑暇中兩者皆需要……
至於那些遭遇特別良好而為人所欽羨的快樂的人們，
自然須有更高度的正義和節制；
過度與不及均足以敗壞德行。
……惟適度可以保全之。
　　——《尼可馬可倫理學》

關於信實，

讓我們叫那遵守中道的人為信實的人……

關於娛樂方面的愉快，

遵守中道的人叫做詼諧的人……

關於日常生活其他方面的愉快，

相當和善的人可以叫做友愛的人，

過於和善的人可以叫做柔順的人，

如果有心圖謀自利，就是一個諂媚的人……

羞恥並不是一種德行，
但知恥的人就要受到稱讚。

——《尼可馬可倫理學》

節制的要點是，

一方面要服從保衛者的統治，

一方面能統治飲食之類的感官欲。

——《文藝對話集》

言論

無論是誰，我們應該向他像咒語一樣說一種誇獎他的話，

使聽的人覺得向他說誇獎話的人並不是在譏笑他，

因為一個人如果自己是個矮小、醜陋、軟弱的人，

你倒誇他是、高大、俊美、強壯，

這只能使他把你當作仇敵。

——《回憶蘇格拉底》

一國之中，有詆語之權利者，只有執政者嗎？

執政者為對付敵人計，或為公眾利益計，

容可權宜而出詆言。

此外無他人有此權利。

——《理想國》卷2

在判斷一言一行是好是壞的時候，

不但要看言行本身是善是惡，

而且要看言者行者為誰，對象是誰，

時間為何時，方式有何種，動機是什麼。

——《詩學》

聲音可以表白悲歡。
——《政治學》

凡挾嫉妒與包藏禍心向你們宣傳的人，
或本身受宣傳而宣傳，這些人最難對付。
——《蘇格拉底的申辯》

行為

人們如欲有所作為，
必須注意兩項標的——可能標的和適當標的。
人們努力以赴各自的標的，
尤應注意這些標的的可能性和適當性，
是否與人的情況相符合。
——《政治學》

當初我在危險來臨時，
也沒想做出卑躬屈膝的奴才相……
我寧願因那樣措辭而死，
不願以失節的言行而苟活。
逃死不難，逃罪惡卻難得多。
　　──《蘇格拉底的申辯》

人們能夠有所造詣於優良生活者一定具有三項善：

外物諸善，

軀體諸善，

靈魂諸善。

　　──《政治學》

你們以為殺人能禁人指摘你們生平的過失，可想錯了。
這種止謗的方法絕對不可能，又不光彩；
最光彩、最容易的不在於禁止，
卻在於自己必須盡量做好事。
　　──《蘇格拉底的申辯》

壞人總是為害於與之接近的人，
好人總是使同群者受益。
——《蘇格拉底的申辯》

如果一個人肯侍候另一個人，
目的是在得到他的幫助使學問或道德方面有所進步，
這種自願的卑躬屈節並不卑鄙，也不能指為諂媚。
——《文藝對話集》

愚昧不如聰慧，怯懦不如勇敢，
木訥不如雄辯，遲鈍不如敏捷。
——《文藝對話集》

每個人只能做好一件事，
不能同時做好許多事，
如果他想做好許多事，
就會哪一件都做不好。
——《文藝對話集》

・路易斯・利奧波德・布瓦伊——桌

好人無論生前死後，
都不至於吃虧，神總是關懷他。
——《蘇格拉底的申辯》

如果你通過為人服務，就會發現誰肯為你服務；
通過你施惠於人，就會發現誰肯施惠於你；
通過你徵求意見，就會發現誰是聰明人。
——《回憶蘇格拉底》

人人都愛自己，
而自愛出於天賦……
自私固然應該受到譴責，
但所譴責的不是自愛的本性，
而是那超過限度的私意。
——《政治學》

人類所求的，
總是人能求得的東西。
——《尼可馬可倫理學》

我們之所以忙忙碌碌，
正因為為了能夠有閑暇，
從事戰爭正是為了要和平度日。
——《尼可馬可倫理學》

小節的怠忽往往逐漸積習成後患，終至釀成大變。

——《政治學》

人能明事物之故而後不為事物所惑。

——《形而上學》

不完成目的活動就不是實踐。

實踐是包括了完成目的在內的活動。

——《形而上學》

找一個不負責任的事是不容易的，

無論一個人做什麼，

想不犯錯誤是很難的，

即使是不犯錯誤，

想避免不公正的批評也是很難的。

——《回憶蘇格拉底》

任何人向所稱為美德的東西，
經過一番考慮，你就會看出，
都是可以通過學習和實踐來增進的。
——《回憶蘇格拉底》

在本性上孤獨的人，
往往成為好戰者，
他那離群的情況，
就恰恰像棋局中的一個閑子。
——《政治學》

人們的生活思想往往趨於兩極，
有自甘儉樸；或流於豪奢。
——《政治學》

一個人不應該受名譽、
金錢和地位的誘惑，
而去忽視正義和其他德行。
——《文藝對話集》

從業醫術者當籌劃關於人生之利益，
而不當注意於一己所有之利益。
——《理想國》卷1

凡好名利的人，
一定要有智識與理想為其引道，
方能得真確的快樂。
既有如是之引導，
則名利與智識皆能各得其宜，各盡其事，
而最高最真之快樂，自能不求而自至。
——《理想國》卷5

能夠一無所有才是像神仙一樣，
所需求的愈少也就愈接近於神仙，神性就會完善。
——《回憶蘇格拉底》

凡榮譽之有益於其人格者，彼亦樂受之，
凡彼以為有害於其人格者，則不論在公在私，一概摒絕。
——《理想國》卷5

關於榮譽和恥辱，
其適度是適當的自豪，
其過度可以叫做虛榮，
不及則可以叫做卑賤。
——《尼可馬可倫理學》

人們在處理財富上表現過弱或過強都是不適宜的。
這裡惟有既素樸而寬裕，才是合適的品性。
——《政治學》

習慣

積習變更天賦。
人生的某些品質，及其長成，日夕熏染，
或習於向善，或慣常從惡。
　　──《政治學》

公道為善德，為智慧。
而不公道為惡德，為愚蠢。
　　──《理想國》卷1

任何卑鄙的見聞，
都可能養成不良的惡習。
　　──《政治學》

同樣的行為，
產生同樣的習慣或性格；
不同的行為產生不同的性格。
一個人自幼受的訓練，與人如有不同，
那麼後來所形成的差別便會更大。
——《尼可馬可倫理學》

人因壞習氣而起相應的惡念，
好習氣能起相應的善念。
——《泰阿泰德‧智術之師》

習慣之與狀況不同在於：
後者是短暫的，而前者是永久的，難以改變的。
習慣同時也是狀況，但狀況不一定也是習慣。
——《工具論》

惡人每安樂，善人多困苦；
公道即損失之謂，不公道為謀利之謂。
——《理想國》卷2

人民的情緒並不是在一夕之間完全改變的，
革命勝利的初期，
主政者已佔取了敵對者的上風，
就心滿意足，許多事情就讓它們順從舊章。
——《政治學》

以善報公道之人，
以惡報不公道之人。
——《理想國》卷1

致富與交易

互相交易……其宗旨則無非為彼此之利益。
——《理想國》卷1

· 安格爾──大宮女

獲得財富的自然方法和家務管理相適應，
而另一種從事在貨物交換之間，
販賣致富的方法則以尋求並積存金錢為主。
沒有一種方法完全依靠金錢的權威，
金錢是交易的要素，也是交易的目的，
由後一種方式所獲得的財富是沒有限度的。
因為致富的兩個不同方式頗相接近，這就發生混淆，
它們都致力於財富，所運用的手段也相同，
但所求的目的不同，而產生各種不同的途徑。
其一便是專以聚斂財富（金錢）為能事，
另一卻為生活而從事於覓取有限的物質。

在兩個方式互混時，

人們往往誤認為家務管理的目的就是聚斂，

其執迷之尤者便信奉錢幣就是真正的財富，

而人們的要圖在於保持其窖金，或無止境地增多其錢幣。

人們之所以產生這種心理，

是由於他們只重視生活而不知什麼才是好的生活。

生活的欲望既無窮盡，

他們就像一切滿足欲望的事物也無窮盡。

又有些人雖已有心嚮往「優良」（道德）生活，

卻仍舊不能忘卻於物質快樂，

知道物質快樂需要有財貨之供應，

於是知悉致富之術，而投身於賺錢的事業。

這就是致富的第二方式成為時尚的原由。

——《政治學》

從事貿易的人，乃以人所餘補己不足。

他們所產之物，其品質與多寡，

不獨要為本地人設想，亦當為相互易交之地設想。

——《理想國》卷1

為了互相供應各人生活所需，

買賣成為一切城邦不可缺少的事業。

人類要到經濟自給自足的境地，這是最便捷的方式，

而自給自足正是人們所由集合而共同組成的一個政治體系

的主要目的。

——《政治學》

有時人們認為……

認為錢幣只是一種虛擬的物品，

其流行有賴於習俗的作用。

富有金錢的人的確常常有乏食之虞……

重視這種「人們擁有許多而免於餓死」的金錢為財富，

實際上是荒唐可笑的觀念。

——《政治學》

為了獲得供應，一個城邦應該慎重注意，

凡輸入的商貨一定為本邦所不生產的貨品，

而輸出的商貨一定為本邦生產有餘的物品，

從事貿易當以本邦的利益，而不以他人的利益為主。

——《政治學》

分配

「產業私有而財物公有」是比較妥善的財產制度
——《政治學》

財產可以在某一方面歸公，
一般而論，則應屬私有。
劃清了各人所有利益的範圍，
人們相互間爭吵的根源就會消除；
各人注意自己的範圍以內的事業，
各家的境況也就可以改進了。
——《政治學》

人們關懷著自己的所有，而忽視公共的事物，
對公共的一切，至多只留心到其中對他個人相關的事物。
人們要是認為某事物已有別人在執管，就不再去注意了，
在他自己想來，這不是他對那一事物特別疏忽。
——《政治學》

如果在勞動和報酬之間不得公平均衡，
則多勞而少得的人，就將埋怨少勞而多得的人。
——《政治學》

財富聚集於少數，
而多數則同貧窮結合。
——《政治學》

寬宏的品德都是可以在財物方面表現出來的。
因為寬宏必須有財產可以運用，
在一切歸公的城邦中，
人們就沒法去做一件慷慨的行為，
那麼誰都不再去表現布施的善心了。
——《政治學》

PART 2

愛情與品格

愛情的定義

愛情是一種欲念，
沒有愛情的人們，
對於美的和好的東西也有欲念。
——《文藝對話集》

愛情都是出於自願的，
雙方的情投意合才是「愛情的金科玉律」。
——《文藝對話集》

有一種欲念，
失掉了理性，
壓倒了求至善的希冀，
浸淫於美所生的快感，
尤其是受到類欲念的火上加油，
浸淫於肉體美所生的快感，
那就叫做「愛情」
——《文藝對話集》

真正的愛是用有節制的音樂的精神去愛，

凡是美的和有秩序的。

真正的愛，就要把瘋狂或近於淫蕩的東西趕得遠遠的。

——《文藝對話集》

愛情是富有權勢之神，其於人神之間，

行事甚奇，其降生則更奇⋯⋯

愛神是諸神中年事最長的，這是十分榮耀的。

愛神為我們最大幸福之源⋯⋯

愛者之福莫大於得一知心人。

愛情這東西，其入人之深，

斷非名利之念，親族之分，所能望其項背。

——《文藝對話集》

相愛，不僅需要有溫柔，

而且還需要有一顆真誠善良的心。

——《回憶蘇格拉底》

正當之愛，

當愛真美與秩序，而且必出之以中庸之道。

荒淫與無節制，不能是真愛。

凡人之愛人，

皆當有純正之宗旨，

如父之愛子，不可有他意雜乎其間，

而其愛一物也，必先得該物，

或該人之許可而後可。

——《理想國》卷2

首先你只能要求那些求愛的人，

做他們極不費力就可做到的事情，

然後，你還要慷慨地回報他們，

這樣他們就會向你由衷地表示忠誠，

長久地愛你，並盡量地善待你。

但如果你等他們向你提出要求的時候，

才把你的愛情給予他們，

他們對你的感激之情就會更大。

——《回憶蘇格拉底》

愛情者，
乃最年長、最高尚、最有權勢之神，
抑亦世人生前死後，幸福與道德之泉源也。
　　——《柏拉圖五大對話集》

愛情目標的高尚，始為高尚的愛情，始有讚美之價值。
愛神庸俗，則其所生之愛情亦必庸俗，
重肉體而輕靈魂，但求達其慾望。
手段之高尚與否，皆所不計，
魯莽滅裂，乃於凡俗之愛，至愚者所為也。
高尚之愛神則不然，
公開之愛情，較秘密之愛情為榮，
高尚之愛，雖愛者貌不美，亦甚榮也。
　　——《柏拉圖五大對話集》

神明使得其他動物的性交都受到一定時令的限制，
惟有人類的性交一直可以繼續到老年時期。
　　——《回憶蘇格拉底》

那些粗俗之情人，

只愛肉體，不愛靈魂，見異思遷，色衰愛弛。

若高尚之愛情，則不然，海枯石爛，此志不移。

為勢利所屈者，患得患失，不能自拔，

以利交者，利盡則交疏，那有真正之友誼可言？

正當之友誼必致力於道德之修養。

　　──《柏拉圖五大對話集》

難道你以為因你沒有看見，

美人兒在接吻的時候，就沒有把東西射到人裡面？

難道你不知道「青春美貌」這種動物比毒蜘蛛還可怕？

因為毒蜘蛛只在接觸的時才會把東西注射到人體之中，

但這種動物不需要接觸，只要男人看她一眼，

甚至從很遠的地方看她一眼，

她就會把一種使人如痴如狂的東西注射到人體裡面。

人們把愛情稱做射手，正因為這緣故，

美人兒可以從很遠的地方使人受傷。

　　──《回憶蘇格拉底》

男女間的關係，
也自然存在著高低的分別，
也就是說統治和被統治的關係。
——《政治學》

妳知道和一個美男子接吻會帶來什麼後果嗎？
難道妳不知道會立即喪失自由而變成一個奴隸？
會花費很多金錢在有害的娛樂上？
會被許多事所糾纏而不能把精力用在高尚和善良的事上？
甚至還會追求那些連瘋子都不屑做的事？
——《回憶蘇格拉底》

戀愛實為慾望中最可怕的毒蜂。
此種戀愛一經激發，其他有害之慾望，
蜂擁而起，各放其異樣之精彩，
以戀愛為中心而擁護之，
猶如蜂之飛鳴於四周而為蜂后之護衛也。
——《理想國》卷5

最初互相依存的兩個生物必須結合，
雌雄（男女）單獨延續其種類，
這就得先成為配偶。
人類和一般動物及植物相同，
就要使自己遺留形相相像的後嗣，
所以配偶出於生理的自然，並不由於意志的結合。
——《政治學》

在我們要建立的城邦應該制定一條法律，
情人對愛人所表示的親愛，
如接吻擁抱之類，
只像父親對於兒子所表示的那樣，
而且要先說服對方，
目的是要高尚純潔的，
他們的關係不能超過這程度，
否則他們就要受人指責為粗鄙。
——《文藝對話集》

・約翰・埃・密萊──盲女

過度的親膩行為，
即使沒有肉慾也都是不當的。
——《政治學》

愛情的原則

有愛情的人的友誼就能給你偉大的幸福滋味！
但是如果和沒有愛情的人來往，
對方的關係就混雜著塵世的小心謹慎和塵世的寒酸計算，
結果就不免在愛人的靈魂裏養成俗人的庸陋品德。
——《文藝對話集》

若是愛人有這些缺點以及其他缺點，
無論是天生的或是習成的，
都是她的情人所喜歡的，
她使本有的缺點變本加厲，
未有的缺點逐漸形成，
否則，她就享受不到那美妙的快感。
——《文藝對話集》

庸俗的愛神引起的愛情確實是人世的，

它不分皂白地實現它的目的。

這種愛情只限於下等人，

它的對象可以是年輕人，也可以是女人；

它所眷戀的是肉體而不是心靈，

最後，它只選擇最愚蠢的對象，

因為它只貪求達到目的，

不管達到目的方式的美醜。

因此，有這種愛情的苟且撮合，不管好壞。

——《文藝對話集》

凡是一個地方把接受情人的寵愛當做醜事的，

那地方人的道德標準一定很低，才定出這種法律，

它所表現的是統治者的專橫和被統治者的懦弱。

反之，凡是一個地方無條件地把愛情當做美事的，

那地方的人們一定不願制定出這樣的法律。

——《文藝對話集》

勉強敷衍對於雙方都是一種沉重的負擔，
這種情形在情人和愛人的關係上就壞到極點。
情人年老而愛人年輕，說不上氣味相投，
那年老人日日夜夜都不甘寂寞，受著需要和慾念的驅遣，
去從色、香、聲、味、觸各種感覺在愛人身上尋求快感，
所以他時常守住愛人，拿她來開心。
至於那愛人自己，她能得到什麼快感或安慰呢？
她看到的是一張起皺蒼老面孔和它帶來的一切醜態，
提起來都叫人發嘔，而她卻迫於情勢，
非天天受他玩弄不可，她能不極端嫌厭嗎？
還不僅此，她天天在眾人面前受到猜疑的監視和偵察，
聽那些不倫不類的過份恭維，也聽一些責罵。
——《文藝對話集》

有愛情的人的壞處，
反過來就是沒有愛情的人的好處。
——《文藝對話集》

愛的對象應該是品格端正的人，

以及小有缺陷卻肯努力上進的人，

這才是應該保持的愛情。

至於起於人世愛神的那種雜音的凡俗的愛情，

卻須加以謹慎小心，免得使他的快感養成了淫蕩。

　　——《文藝對話集》

情人和愛人來往，各有各的指導原則。

情人的原則是愛人對自己既然表現殷勤，

自己就應該為她效勞，

愛人的原則是情人盡量拿恩情來報答。

一方面樂於拿學問道德來施恩，

一方面樂於在這些方面受益。

只有在這兩個原則合而為一的時候，

愛人眷戀情人才是一件美事，若不然，它就不美，

照這樣的原則相愛的人縱然完全失敗了，也不足為恥，

在其他一切情形之下，無論失敗與否，結果都是恥辱……

為著品德而去眷戀一個情人，總是一件很美的事。

　　——《文藝對話集》

每一個人選擇愛的對象，都是取氣味相投的，
那被選擇的對象彷彿就是他的神，
就像他所雕飾的一尊神像，備他供奉禱祝。
——《文藝對話集》

所謂卑鄙的對象，就是庸俗的情人，
愛肉體過於愛心靈的。
他所愛的東西不是始終不變的，
所以他的愛不能始終不變。
一旦肉體的顏色衰謝了，
他就高飛遠走，毀弄從前一切信誓。
但是鍾愛於優美心靈的情人卻不然。
他的愛情是始終不變的，
因為他所愛的東西也是始終不變的。
迅速接受情人是可恥的，應該經過一段時間。
因為時間對於許多事常是一個最好的考驗。
受金錢的利誘或政治的威脅而委身於人是可恥的，
無論是對威脅沒有膽量抵抗就投降，
還是貪求財產或是政治地位，
因為這些勢利名位金錢都不是持久不變的，
高尚的友誼當然不能由這些東西產生。
——《文藝對話集》

一個不顧善惡只顧快感的人，

希望他的愛人有怎樣的身體，

怎樣的顏色，作怎樣的打扮呢？

他不是寧可選嬌柔脆弱的，不肯要強壯魁梧的嗎？

他所要的愛人不是陽光裏而是在暗室裏長大的，

向來不知道出力發汗是什麼一回事，吃的是山珍海鮮，

沒有天然的健康顏色，全靠塗脂敷粉，

……這樣一種人若是遇到戰爭，或是遇到任何緊急關頭，

倒可以提高敵人的勇氣，叫親友們和情人自己嚇得發抖！

——《文藝對話集》

愛情恰是這樣：

一個人愛一件東西，就還沒有那件東西；

他想它，就是想現在有它，或是將來永久有它。

在這個情形和一般情形之下，

所想的對象，對於想的人來說，

是他所缺的，還沒有到手的，

總之，還不是他所佔有的。

就是這種東西才是他的慾望和愛情的對象。

——《文藝對話集》

愛情的力量

她的情人像一面鏡子，

在這裏面她看見了自己的形象……

情人在面前，像情人自己所曾經驗的一樣，

苦惱就一去無踪影了。

情人不在面前，也像情人自己所經驗的一樣，

就渴望能再見，她可以說有了回愛，或是愛情的返照。

她不把這個叫做「愛情」，

只肯把它叫做「友誼」，

可是她情人所想望的，她也想望，只是比較淡薄一點，

她也想望見面，接觸，接吻，擁抱，

以後的情形就可想而知了。

他們倆在同床時，

那情人的不受約束的馬，就有好多話向主人說，

勸他在一點快活的事裡得到許多心血的報酬；

愛人的劣馬雖然不做聲音，可是熱得發燒，

莫名其妙地神魂不守地伸出膀子去抱那情人，

吻他，心裏想，這也不過像吻一個密友一樣，

他們既然擁抱在一起了，情人若是要求什麼，

愛人也就不至於拒絕了。

——《文藝對話集》

每逢他凝視愛人的美，

那美就發出一道極微分子的波流（因此叫情波），

波流注到他的靈魂裡，於是他得到滋潤，

得到溫暖，苦痛全無，覺得非常歡樂。

若是他離開了那愛人，靈魂就失去滋潤……

只要那愛人的美一回到記憶裡，他就轉痛為喜。

這痛喜兩種感覺的混合使靈魂不安於他所處的離奇情況，

徬徨不知所措，又深恨無法解脫，

於是他就陷入迷狂狀態……

他盡可能不肯離開愛人的身邊，

不把任何人放在眼裡，父母親全忘了，

財產因疏忽而遭損失，他也滿不在意，

從前他所引以自豪的那些禮節和規矩，也被唾棄了，

他甘心作奴隸，只要人家允許他，

緊靠著他所渴望的人躺著，

因為他不僅把她當作具有美的人來崇敬，

而且把她看成消災除痛的醫生。

　　——《文藝對話集》

・拉斐爾──雅典學院

她既然接受了情人，

聽到他的言論，

親近過他的風采，

雙方的感情就日漸親暱，

她就不免為情人的恩愛所感動，

覺得凡是她的親親友友對她的友誼加在一起，

也萬萬比不上這位神靈托附的朋友所給她的恩情。

——《文藝對話集》

愛神不僅有正義，而且有節制。

大家都公認節制是快感和情慾的統治力，

世間沒有一種快感比愛情本身更強烈。

一切快感都比不上愛情，

就由於它們都受神的統治，而愛神是他們的統治者。

連戰神都抵擋不住愛神，沒有聽說過，愛神被戰勝克服。

一切生命形式的創造，一切生物的產生，

誰敢說不是愛神的功績呢？

自從愛神一出現，諸神的工作就上了軌道，有了秩序，

這顯然是對於美的愛好，因為醜不能作為愛的基礎。

愛神在本質上原來就具有高尚的善。

他迎來和睦，逐去暴戾，好施福惠，慷慨而又和藹……

他的子女是歡樂，文雅，溫柔，優美，希望和熱情……

在我們的工作中他是我們的領導，

在我們憂患中他是我們的戰友和救星，

在喝酒集會中，他是我們的伴侶，

無論是人是神，都要奉他為行為的規範，

每個人都應當跟著他這位優美的嚮導走。

——《文藝對話集》

愛神是一個偉大的神，在人與神之中最神奇的。

愛神不僅是最古老的，而且是人類最高幸福的來源……

一個人要想過美滿的生活，

他的終身奉為規範的原則就只有靠愛情可以建立，

地位、財富之類都萬萬比不上它。

這原則……

就是在於對壞事的羞惡之心，

和對於善事的崇敬之心。

如果一個情人在準備做一件丟人的壞事，

或是受旁人凌辱，怯懦不敢抵抗，

在這時候被人看見了，他就會覺得羞恥，

但是被父親朋友或其他人看見，

遠遠不如被愛人看見那樣無地自容。

愛人被情人發現在做壞事，情形也是如此。

所以，如果我們能想出一個辦法，

叫一個城邦或是一個軍隊全由情人和愛人組成，

它就會有一種不能再好的統治，

人人都會互相競爭，避免羞恥，追求榮譽。

這種人們如果並肩作戰，只要很小的一個隊伍，

就可以征服全世界了。

──《文藝對話集》

要明白情人的友誼不是從善意來的，
他有一種癮，要拿你來過癮。
情人愛愛人，有如狼愛羊。
——《文藝對話集》

友誼

朋友和其他所有財富比起來，
財富是沒有知覺的東西，
弟兄是有知覺的，
財富需要保護，
弟兄能夠提供保護。
財富是很多的，
但弟兄只有一個。
——《回憶蘇格拉底》

世人倘若沒有友誼，
就不會成為社會。
——《政治學》

一個好朋友豈不是更有價值得多嗎？

⋯⋯一個好朋友對於他的朋友，無論是他個人的私務，

或是他的公共職守方面，不管缺少什麼都很關心。

當朋友需要照顧的時候，他總是提供自己的資財來幫助，

當朋友受到威脅的時候，他總是會加以援救並分擔費用，

同心協力，幫助說服，甚至以強力壓服脅迫者。

當朋友順利的時候，就鼓舞他，要跌倒的時候就扶持他。

凡是一個人的手所能操作的，

眼睛所能預先看到，耳朵所能聽見的，腳所能完成的，

沒有一件事他的朋友不會為他做好的，

⋯⋯然而，儘管人們為了吃果子而栽種果樹，

絕大多數的人，對他們所有叫做朋友的最豐厚的財寶，

卻不知加以培植和愛護。

——《回憶蘇格拉底》

獲得友誼不可能像獵取兔子那樣用窮追的辦法，

也不可能像捕鳥那樣用誘擒的辦法，

也不可能像對待敵人那樣使用暴力，

違反他的意願而想使他成為你的朋友是很難的。

——《文藝對話集》

人們天性有友愛的性情。

……友誼能夠迂迴曲折地出現，

把那些高尚善良的人們聯繫在一起。

——《回憶蘇格拉底》

家庭

家務重在人事，

不重無生命的財富，

重在人生的善德，

不重家資的豐饒，

重在自由的人們品行，

不重在群奴的品行。

——《政治學》

家務管理的技術不同於獲得財產的技術。

後者的職務是供應，

前者的職務是運用，

家務管理技術不正是運用家財所應用的嗎？

——《政治學》

一個完全的家庭是由奴隸和自由人組合起來的，
家務的各個部分就相應於這些分子這些就是：
主和僕，夫和妻，父和子。
——《政治學》

治產（致富）有兩種方式：
一種是同家務管理有關的部分（農、牧、漁、獵），
另一種是指有關販賣的技術（經商）。
就這兩種方式說，
前者順乎自然地由植物和動物取得財富，
事屬必需，這是可以稱道的，
後者在交易中損害他人的財貨以牟取自己的利益，
這不是合自然而是應受到指責的。
在致富的各種方法中，錢貨確實是最不合乎自然的。
——《政治學》

獲得財富也是家主的業務，
但在另一個意義上說，
這就不是他的本分，
而是家務管理技術中的一個枝節。
——《政治學》

人最大之需要即為關係生活之穀食。

其次為居處，再其次為衣服等。

——《理想國》卷1

男人與女人

為國家利益計，

不外乎使男子與女子均為優秀之人民。

——《理想國》卷3

女子欲分任男子之事，

則非與男子受同等之教育不可。

——《理想國》卷3

必須有優良的婦孺，才會造成優良的城邦。

婦孺的善良與否的確有關城邦的優劣；

婦女占居全邦人口的多數，

而兒童則不久要成長為公民。

——《政治學》

我們有誰看到從別人所受的恩惠，
有比子女從父母所受的恩惠更多呢？
父母使子女從無變為有，
使他們看到這麼多美好的事物，
分享到神明所賜予人的這麼多的福氣，
這些福氣對我們來說，
都是非常寶貴的，
我們無論如何也不願放棄這些福氣……
你不會認為，
人們生育子女只是為了滿足情欲，
因為大街小巷滿足情欲的娼寮妓院是很多的。
我們所考慮的顯然是，
什麼樣的女子能給我們生育最好的子女，
從而我們就和她結婚生育子嗣，
丈夫贍養妻子，
並盡可能豐富地為將要生育下來的子女，
提供他所認為對撫養他們有用的東西。
妻子受孕……分娩之後，
儘管自己並沒有事先得到任何好處，
還是哺育他，看顧他；
但嬰兒並不知道撫養他的是誰……
只是做母親的揣測到什麼對嬰兒的營養有益，
什麼是他喜歡的，

力圖滿足他的這些要求……

一點也不知道自己會得到什麼酬勞。

父母並不僅以撫養子女為滿足，

而是在子女開始能夠學習的時候，

就把他們所知道的對子女生活有用的東西教導他們……

總是使子女得到最好的教育。

　　——《回憶蘇格拉底》

我們當注意到詩人（索福克里）所說的婦女的品德：

「嫻靜就是婦女的服飾。」

「嫻靜」這樣的品德就不能用來讚美男人。

　　——《政治學》

如果男子的勇毅倘使僅僅及到一個婦女的勇毅，

人們就會說這男子為懦夫；

反之，如果一個利口的女子雖比男人說的未必更多，

就可能被認為有傷謙德。

　　——《政治學》

歷史事實已經證明，
一切好戰的民族往往好色，
無論其為女色或男色。
——《政治學》

既然女人體質較弱於男人，
我們就該把女性看成是一種自然的欠缺。
——《動物四篇》

對於人類所有各種事業上之能力，
恐無不男勝於女，細節固不在此列。
不然我當斤斤於紡織、裝飾與烹調諸事，
因這些事，女遠勝於男，
假如女人連這些都不如男子，則必為人所訕笑。
——《理想國》卷3

男女之婚嫁當為社會問題，
而非私人問題。
　　——《理想國》卷3

父子之關係好像君王的統治，
夫婦關係則好像共和政體。
　　——《政治學》

虔敬

虔敬是否因其虔敬而見喜於神，
或者因其見喜於神而虔敬？
　　——《蘇格拉底的申辯》

凡人與物為神所喜者是虔敬，
神所惡者是褻慢。
　　——《蘇格拉底的申辯》

虔敬若與神所喜者相同，
那麼，虔敬若因其虔敬而為神所喜，
神所喜者必也因其為神所喜而見喜於神；
神所喜者若因其見喜於神而為神所喜者，
虔敬必也因其見喜於神而成虔敬。
　　──《蘇格拉底的申辯》

凡是虔敬的都是正當的，
凡是正當的卻不都是虔敬的──
有的是虔敬的，有的是其他。
　　──《蘇格拉底的申辯》

有敬就有畏，有畏未必就有敬。
因為畏的範疇比較廣，敬是畏的一部分。
正當的不一定都是虔敬的，
因為虔敬的只是正當的一部分。
　　──《蘇格拉底的申辯》

・柯羅——珍珠女郎

善

即使個人的善和國家的善相同，
但是國家的善，無論在取得上或保持上，
都比個人的善更為宏大，更為完備。
僅僅為了一個人而求這目的，雖然也是值得的，
但若是為了一個民族，或一些城邦而去獲得它，
則是更神聖的事。
——《尼可馬可倫理學》

「善」這個字在運用上有很多意義。
應用於本體的範疇上為上帝、理性；
應用於性質的範疇上為德行；
應用於數量的範疇上為適中；
應用於關係上為效用；
應用於時間上為機會；
應用於地點上為安居；等等。
顯然，它不是一種普遍而又單一的東西，
如果是的話，它也不會存在於一切範疇內，
而只能見於一種範疇內。
——《尼可馬可倫理學》

善的人，其所以特別與普通人不同處，
就在於他在行為中每一種場合，都能辨別真理。
實際上，善的人本身就是這些事情的標準或權衡。
　　──《尼可馬可倫理學》

理性暗示我們，
我們不應當在純粹的生活中，
而應當在混合生活中來尋找善。
　　──《菲利布斯》

一個真正善良而快樂的人，
其本性的善一定是絕對的善，
當他發揚其內在的善德時，
一定能明白昭示其所善具有絕對價值。
　　──《政治學》

人若不作善行終於不能得善果；
人如無善德而又欠明哲，終不能行善。
　　──《政治學》

善人和惡人都感到快樂和痛苦。

某些快樂是善，某些快樂是惡的。

有益的樂事是善，有害的樂事是惡的。

有益的樂事是那些能致某種善的樂事，

有害的樂事是能致某種惡的樂事。

有善的痛苦，有惡的痛苦。

快樂，是為了善的目的被人追求，

而非為了求快樂的緣故來追求善的目的。

——《高爾吉亞》

對於任何人有益的東西，
對他本人來說就是善。

——《回憶蘇格拉底》

人類所不同於其他動物的特性就在他對善惡，

以及是否合乎正義與其它類似的觀念的辨認。

——《政治學》

德行

德行——是習慣或品性。
每一個德行都能使一件東西本身變好，
又能使這件東西完滿地完成其功能。
人的德行一定是那種既能使人成為善人，
又能使人圓滿地完成其功能的品性。
——《尼可馬可倫理學》

德行不出於錢財，
錢財以及其它一切公與私的利益，卻出於德行。
——《蘇格拉底的申辯》

德行比之任何技藝都更確切，更好……
德行應以中道為目的。
——《尼可馬可倫理學》

道德之本性為適度。

為善是困難的，

因為要在每一種場合都找到中道確是件難事。

——《尼可馬可倫理學》

人間的種種差別，

形成各式各樣的阻隔，

最深闊的溝渠是善惡之間的道德差別。

其次為財富和貧富之別。

——《政治學》

德行有兩種：理智的和道德的。

理智的德行是由於訓練而產生和增長的；

道德的德行則是習慣的結果。

——《尼可馬可倫理學》

品德高尚的好人所以異於眾人中的任何個人，

就在於他一身集合了許多的素質。

——《政治學》

無論在什麼地方，

一般的習慣不都是當年輕人和老年人在路上相遇的時候，

年輕的人總是應該首先讓路嗎？

不是年輕人應該向年長的人讓座，

講話時讓年長的先開口？

卑鄙的人，你只要給點什麼就可以博得他的歡心，

但對於一個體面的長者，

說服他的最好辦法就是以善意相待。

　　──《回憶蘇格拉底》

正義

按照一般的認識，

正義是某些事物的「平等」觀念……

正義包含兩個因素──事物和應接受事物的人；

大家認為相等的人就應該配給相等的事物。

　　──《政治學》

最優越的生活之道，

就是生前死後實行公正和種種德行。

　　──《高爾吉亞》

由於奴役朋友被認為是不義的，
而奴役敵人則被認為是正義的，
是不是對於朋友忘恩負義就是不義，
而對於敵人忘恩負義則是正義的呢？
——《回憶蘇格拉底》

幸福

生活得最好的是那些努力研究如何生活得最好的人；
最幸福的人是那些最意識到自己是個越來越好的人。
——《回憶蘇格拉底》

人們雖於外物的充裕和人性的完美兩者都可獲得幸福，
兩者結合起來也可獲得幸福，
凡德行不足而務求娛樂於外物的人們，
不久便知道過多的外物已經無補於人生，
終究不如衣食才能維持生活，
而虔修品德和思想，使得生活更加充實。
——《政治學》

那意識到自己一輩子過著虔誠和正義生活的人，
就是幸福的人。
——《回憶蘇格拉底》

勤勞只是獲得閑暇的手段。

——《政治學》

真正的幸福生活是免於煩累的善德，
而善德就在於中庸。
最好的生活方式就應該是行中庸，
對於每個人都能達到的中庸。
——《政治學》

人們要取得幸福須注意兩事：
其一、為端正其宗旨；
其二、為探究一切行為的準則。
——《政治學》

最優良的善德就是幸福，
幸福就是善德的實現，
也是善德的至極。
——《政治學》

一個人要是沒有絲毫勇氣，
絲毫節制，絲毫正義，絲毫明哲，
世人決不會稱其為有福的人。
——《政治學》

那些要生活得幸福的人，
首先不應當侵犯旁人，
也不應當為旁人所侵犯。
——《法律篇》

・讓・萊昂・熱羅姆──後宮露台

個人之幸福，

當以全國之安樂為前提。

假如確認後者為真理，

則凡負保衛國家之責者，

不得不各盡其力，

使其國得日臻上理，

而國中各級之人，

均能得其應有之幸福。

　　　──《理想國》卷2

不同的人對幸福有不同的了解……

當其病時，以健康為幸福；

當其窮困時，則以財富為幸福；

當自覺其愚昧無知時，

又羨慕那些能宣傳某種為他所不能想到的偉大理想的人。

——《尼可馬可倫理學》

幸福是世間最優美的、最高尚的、最快樂的事。

——《尼可馬可倫理學》

苦樂

快樂是一切生靈的真正目的。

——《菲利布斯》

過度之快樂之有害於身心，
實與痛苦無異。

——《理想國》卷2

我們的確把許多給人類帶來痛苦的事放在幸福之中了。
因為有許多人由於美貌而被那些見美傾心的人敗壞了，
許多人由於自信而去嘗試力所不逮的事而遭到了禍患，
許多人由於財富而腐化墮落，遭人陰謀暗算而毀滅了，
許多人由於他們的榮譽和政治能力而遭到了極大的災難。
——《回憶蘇格拉底》

人能補足其智識之缺點，
其快樂為真快樂。
——《理想國》卷5

快樂與痛苦均為心中所感之刺激。
凡快樂由軀體而傳之於心者，
人們皆視為極大的快樂，
實則非快樂，不過免痛苦罷了。
——《理想國》卷5

一個沒有後患的歡樂不僅有補於人生的終極，
也可藉以為日常的憩息。
——《政治學》

能忍受痛苦為最善，
暴躁於痛苦無益。
——《理想國》卷5

以一切永久不滅之善德為輔助，
則自必然能脫離今日之苦海。
——《理想國》卷5

一切需要或慾望，都是痛苦的。
——《高爾吉亞》

·拉斐爾——西斯廷聖母

人之大患在有其身，

於是有飲食之需，

有疾病之憂，

有男女之慾，

有貪嗔痴愛之事。

　　——《柏拉圖五大對話集》

關於某些痛苦和快樂的適度是節制，
過度則是放蕩。

　　——《尼可馬可倫理學》

PART 3

文學與藝術

文章‧詩

散文有節奏，但不押韻，
否則，它就不是散文而是韻文了。
——《修辭學》

文章是可以給人教益的，
而且以給人教益為目標的，
其實就是把真善美的東西寫到讀者心裡去，
只有這類文章才可以達到清晰完美，
也才值得寫，值得讀。
——《文藝對話集》

文章要做得好，
主要的條件是作者對於所談的問題的真理要清楚知道。
——《文藝對話集》

合於藝術的文章既不能太長，也不能太短，要長短適中。
——《文藝對話集》

若是一個不知真理，

只在人們的意見上捕風捉影，

他所做出來的文章，就顯得可笑，而且不成藝術了。

　　──《文藝對話集》

每篇文章的結構，應該像一個有生命的東西。

　　──《文藝對話集》

詩人常讓偉大人物們痛哭哀號。

　　──《文藝對話集》

詩人讓一個最聰明的人說世間最美的事是：

席上擺滿了珍饈食品，

酒僮從瓶裡倒酒不停，

斟到杯裡勸客人痛飲。

　　──《文藝對話集》

詩人做詩不是出於智慧，
其作品成於上天的靈感。
——《蘇格拉底的申辯》

如果詩人寫的是不能發生的事，他固然犯了錯誤；
但是，如果他這樣寫，而達到了藝術的目的，
能使這一部分或另一部分詩更為驚人，
那麼錯誤是有理由可辯護的。
——《詩學》

無論在史詩或抒情詩方面，
都不是憑技藝來做成他們的詩歌，
而是因為他們得到靈感，
有神力憑附著。
——《文藝對話集》

悲劇・藝術

喜劇總是摹仿比我們今天更壞的人，
悲劇總是摹仿比我們今天更好的人。
——《詩學》

悲劇是對於一個完整而且有一定長度的行動摹仿。
——《詩學》

悲劇中沒有行動，
則不成為悲劇；
但沒有性格仍然不失為悲劇。
……悲劇所以使人驚心動魄，
主要在於要靠「突轉」與「發現」，
此二者是情節的成分。
情節乃悲劇的基礎，
就像是悲劇的靈魂。
——《詩學》

・弗朗索瓦・布歇——戴安娜的休息

悲劇……要能引起恐怖與憐憫之情。

如果一椿椿事件是意外的發生而彼此間又有因果關係，

那就最能產生這樣的效果。

——《詩學》

藝術適應人的性格。

——《文藝對話集》

要達到悲劇的目的，

第一，不應寫好人由順境進入逆境，

因為這只能使人厭惡，不能引起恐怖或憐憫之情；

第二，不應寫壞人由逆境轉入順境，

因為這最違背悲劇的精神——不合悲劇的要求，

既不能打動慈善之心，更不能引起憐憫或恐怖之情；

第三，不應寫極惡的人由順境轉入逆境，

因為這種布局雖然打動慈善之心，

但不能引起憐憫或恐怖之情，

因為憐憫是一個人遭受不應遭受的厄運而引起的，

恐怖是由這個這樣遭受厄運的人與我們相似而引起的。

——《詩學》

作家必須使作品給人以自然的印象，而不是矯揉做作。

自然是有說服力的，而矯揉做作則適得其反。

矯揉做作會使聽眾以為我們是在玩弄陰謀詭計，

就像給他們的酒摻上水一樣。

——《修辭學》

接受報償非藝術本身之利益。

藝術本身之利益，
如醫術之使人康健，
建築術之為人建屋是也。
——《理想國》卷1

凡是高一等的藝術，
除掉本行所必有的訓練以外，
還需要對於自然科學能討論，能思辨。
我想，凡是思想既高超而表現又能完美的人們
都像是從自然科學學得門徑。
——《文藝對話集》

一個雕塑家就應該通過形式，
把內心的活動表現出來。
——《回憶蘇格拉底》

音　樂

音樂的三種利益為：

其一，教育；

其二，抒發情感；

其三，操修心靈。

——《政治學》

音樂的作用，

有如睡眠和酣飲，

只是娛樂和憩息。

音樂具有陶冶性情的功能。

——《政治學》

音樂的好處在於使我們的心靈得到快感。

——《文藝對話集》

音樂和合唱慶祝的真正功用就在此：
當我們自認為生活過得好時，我們歡樂；
另一方面，當我們歡樂時，我們也認為生活過得好。
——《文藝對話集》

最好的音樂能夠使最優秀最有教養的人快感，
特別是使那個在品德和修養上最為卓越的一個人快樂。
——《法律篇》

音樂的價值只在操持閒暇的理性活動。
音樂絕不是一種必需品。
——《政治篇》

音樂應該分類到對於美的愛。
——《文藝對話集》

治國者當以音樂為第一要務。
——《理想國》卷2

音樂上之奢華使人放縱，
生活上之奢華使人疾病。
總而言之，簡樸之音樂為產生美德之母，
簡樸之體育，為增益健康之道。
——《理想國》卷2

我們應該把這類悲哀的樂調拋開，
因為拿它們去培養品格好的女人尚且不合適，
何況培養男子漢！
——《文藝對話集》

音樂上之訓練，
較他種訓練為重要，
外觀之美，音韻之和，能深印兒童之心。
其所印入為善，則其將來發表於外者亦為善。
所印入者為惡，則其所發表於外者亦惡。
凡於音樂上得良好之學問者，
則其辨別美惡彷彿出於天性。
——《理想國》卷2

美的概念

最美的，也就是最可愛的。
——《文藝對話集》

知識就是最美的，
無知就是最醜的。
——《文藝對話集》

風格的美，在於明晰而不流於平淡。
——《詩學》

有能力的和有用的，
就它們實現某個好目的來說，就是美的。
——《文藝對話集》

一切行動，專就它本身來看，並沒有美醜的分別……
美醜是起源於這些事或行動怎樣做出來的那方式。

做的方式美，所做的行動也就美，
做的方式醜，所做的行動也就醜。

——《文藝對話集》

任何一件事物，
它對於什麼有用處，
就把它用在那個地方，
那就是美了。

——《回憶蘇格拉底》

美就是有用的……說它美只是看它有用，
在某種情境可以用它來達到某種目的；
如果它毫無用處，我們就說醜。
效能就是美的，無效能就是醜的。

——《文藝對話集》

如果美是好的原因，
好就是美產生的……美是善的父親。
　　——《文藝對話集》

一個漂亮小姐的美，
就是使一切東西成為美的。
　　——《文藝對話集》

一件東西縱然本來是醜，
只要鑲上黃金，就得到一種點綴，便顯得美了。
　　——《文藝對話集》

最美的猴子比起人來還是醜，
最美的湯罐比起年輕小姐來還是醜，
最美的年輕小姐比起女神也還是醜。
　　——《文藝對話集》

愛人至少要在心靈方面沒有欠缺，
如果只是身體的欠缺，那還是不失其為可愛。
——《文藝對話集》

一切都各有其美與不美的區別。
不美，節奏壞，不和諧，都由於語言壞和性情壞；
美，節奏好，和諧，都由於心靈的聰慧和善良。
——《文藝對話集》

好性情，是心靈真正盡善盡美。
——《文藝對話集》

實際美的事物在外表上就不能不美，
因為它們必然具備使它們在外表上顯出美的那種品質。
——《文藝對話集》

不恰當就醜。使每件東西美的就是恰當。
——《文藝對話集》

對於有眼睛能看的人來說，
最美的境界是不是心靈優美，
與身體的優美諧和一致，
融成一個整體？
——《文藝對話集》

若恰當只使一個事物在外表上顯得比實際更美，
它就會只是一種錯覺的美。
因此，它不能是我們所要尋求的那種美。
因為我們所要尋求的美是有了它之後，
美的事物才成為美。
——《文藝對話集》

如果實際離不開外表，
如果承認恰當就是美本身，
而且能使事物在實際上和外表上都美，
美就不應該不易賞識了。
——《文藝對話集》

・約瑟夫・瑪麗・維安──販賣孩子的商人

凡人所用的東西，
對它們所適用的事物來說，
都是既美又好的。

──《回憶蘇格拉底》

所謂恰當，是使一個事物在外表上顯出美的……
其貌不揚的人穿著合式的衣服，外表就好看起來了。
——《文藝對話集》

情感

有個使人們結合起來的東西，那就是愛；
相反地，有惡感的人們總是彼此迴避的。
——《物理學》

精神非外力可勝，
誠意所至，畏怯自滅。
——《理想國》卷1

很少有人能想到，
旁人的悲傷可以釀成自己的悲傷。
因為我們如果拿旁人的災禍來滋養自己的哀憐，
等到親臨災禍時，這種哀憐就不易控制了。
——《文藝對話集》

憎恨也包含忿怒的情緒，

忿怒會激發鬥志。

忿怒實際上是一個有效的刺激，

凡是被激怒了的人們常常不再計較利害而勇於戰鬥。

凌辱最容易攪亂人們的情緒。

對於敵人有所憎恨，

不一定就會感到苦惱，

這時人們尚能顧及利害。

忿怒和苦惱相結纏，

既怒且惱的就容易喪失理智。

──《政治學》

心懷惡意的人顯然在旁人的災禍中感到快感……

我們恥笑朋友們的滑稽可笑的品質時，

既然夾雜著惡意，快感之中就夾雜著痛感，

因為我們一直都認為心懷惡意是心靈所特有的快感，

而笑是一種快感，可這兩種感覺在這情況下卻同時存在。

──《菲利布斯》

痛感都是和快感混合在一起的。
——《文藝對話集》

心懷惡意一方面是一種不光明的痛感，
另一方面也是一種快感。
慶幸敵人的災禍既不算過錯，也不算心懷惡意，
但是人們見到朋友的災禍，
不感到哀傷，反而感到快樂，這不算過錯嗎？
——《文藝對話集》

我們的朋友如果對自己的智慧、美貌
及其他優良品質有狂妄的想法，
如果他們沒有勢力，他們就顯得滑稽可笑，
如果他們有勢力，那就顯得可恨了。
——《文藝對話集》

理智與理性

遇到災禍最好盡量鎮靜不用傷心，

因為這類事變是禍是福還不可知，

悲哀並無補於事，

塵世的人事也不值得看得太重，

而且悲哀對於當前情景迫切需要做的事是有妨礙的。

——《文藝對話集》

我們親臨災禍時，

心中有一種自然傾向，

要盡量哭一場，哀訴一番，

可是理智把這種自然傾向鎮壓下去了……

我們人性中最好的部分，

由於沒有讓理智或習慣培養好，

對於這感動就放鬆了，

我們於是就拿旁人的痛苦來讓自己取樂。

——《文藝對話集》

凡自己缺乏理智，
反能感應到別人的理智的，
就可以成為而且確實成為別人的財產，
這種人就是天生的奴隸。
——《政治學》

欲望與理性的基本對象相同。
欲望所求為虛善（外表事物），
理性所求為真善（真實事物）。
但思想（理智）既為起點，
欲望自應後於思想，而思想故當先於欲望。
——《形而上學》

最高理性的人的意見更值得考慮，
他們會相信事物的真相。
——《蘇格拉底的申辯》

我們的行為必須遵循正當的理性。
——《尼可馬可倫理學》

一個有理性的人若是遭到災禍，

比如死了兒子，

或是喪失了他所看重的東西，

他忍受這種災禍，

要比旁人鎮靜些。

——《文藝對話集》

操作理性而運用思想，
正是人生至高的目的。

——《政治學》

靈魂的統治身體，

就掌握著主人的權威，

而理性的節制情欲，

則類似一位政治家或君主的權威。

——《政治學》

若以理性為至善，
理性就只能致力於神聖的自身，
而思想就成為思想於思想的一種思想。
——《形而上學》

理性原則有兩部分，
一部分是本身有理性，具有嚴格的理性意義，
另一部分是聽從理性，好像一個人聽從他的父親一樣。
理解和明智是理智的德行，寬大和節制叫做道德的推行。
——《尼可馬可倫理學》

人性中最好的部分，
讓我們服從這種理性的指導。
——《文藝對話集》

PART 4

知識與教育

為學之道

每件器具的製造者之所以對於它的好壞有正確見解，
是由於他請教於有知識者，
不得不聽那位有知識者的話，
而那位有知識者正是那件器具的應用者。
——《文藝對話集》

以不知為不知，
不以所不知為知。
——《蘇格拉底的申辯》

人當以哲學為重要之學業。
——《理想國》卷4

思想要是純粹為了思想而思想，
只自限於它本身而不外向於它物，
方才是更高級的思想活動。
——《政治學》

思想是最虔敬的事物，

然而若欲問思想如何安排，

方能成其虔敬，

這就引起多少疑難。

因為人心若無所思，

則與入睡何異？

也就無從受到尊敬。

——《形而上學》

人們為了造屋而後有建築術，
為了要進行理論才有理論學術，

並不是為了理論學術，

大家來進行理論，

若說有這樣進行理論的，

那必是學生在練習理論的能力；

這些有限度的意義謂之理論，

學生們對那些本無進行理論的必要。

——《形而上學》

好藝人易和詩人犯同樣的錯誤，

因為有一技之長，

個個自以為一切都通，

在其他絕大事業上並居上智，

這種錯見反而掩蓋了他們固有的智慧。

——《蘇格拉底的申辯》

我秉神命出訪時，

發現名最高的人幾乎最缺乏智慧，

其他名較低的人都較近於學識。

——《蘇格拉底的申辯》

我們應該取鑒於古人業已做過，

而且表白於後世的一切事物或典章，

由此用心探索前賢所尚未想到或施行的各端，

以便可以彌補他們的缺失。

——《政治學》

科學的知識不可能藉知覺的活動建立。

——《工具論》

・安格爾——土耳其浴女

沒有建築過的人不能稱為建築師，
從未彈過琴的人不可能稱為琴師……
其他學藝亦是如此。
——《形而上學》

求知是人類的本性。

——《形而上學》

虛心一致，求真知，發至理。

——《柏拉圖五大對話集》

借論證而傳授或接受的一切教導，
均賴先有的知識進行。

——《工具論》

我們受益於前人，
不但應該感激那些與我們觀點相合的人，
對那些較浮泛的思想家，
也不要忘記他們的好處；
因為他們的片言剩語，
確正是人們思緒的先啟，
這於後世有所貢獻了。

——《形而上學》

小有成，勝於大不就。

——《泰阿泰德・智術之師》

舉世不外兩批人：

一批為己、為眾生、為事業，求君求師；

另一批是自以為作君師者。

——《泰阿泰德・智術之師》

人和人之間都同樣天生就有所不同，

而且也都可以通過勤奮努力而得到很多改進。

無論是天資比較聰明的人或是天資比較魯鈍的人，

如果他們決心要得到值得稱道的成就，

都必須勤學苦練才行。

——《回憶蘇格拉底》

購取學識較之購取食品，

所冒危險更多。

——《柏拉圖對話集六種》

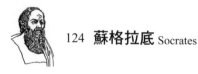

學而不當，或受之不得其道，
則其為惡之甚，必勝於不學無術者。
——《理想國》卷4

凡願解惑的人宜先好好地懷疑；
由懷疑而發為思考，這引向問題的解答。
人們若不見有結，也無從進而解脫那結。
但思想的困難正是問題的癥結所在，
我們在思想上感到不通之際，
就像被鎖鏈縛住了，捆結著的思想，
也像縛住了的人，難再前進。
所以我們應將疑難預為估量；
因為欲伸研究而不先提出疑難，
正像想要旅行而不知向何處去的人。
——《形而上學》

在所有的事上，
凡受到尊敬和讚揚的人，都是那些知識最廣博的人，
而那受人譴責和輕視的人，都是那些最無知識的人。
——《回憶蘇格拉底》

知識者，回憶而已。

其必前有學習之時，

而今得回憶之，又從可知矣。

人之回憶，必先有所知。

——《柏拉圖五大對話集》

知識・學術・研究

大眾修學的程序，宜必如此——

經由個別的感受所易知的小節進向在本性上難知的通理。

如同我們的行事應始於個別之小善，

而後進於所有個別稱善的絕對之大善，

我們的研究當始於各自所能知，

而後進求自然之深密。

這裡於某些人們所能知而且認為是基本的道理，

世人往往不易盡曉，

而且其中也往往頗不切於實際。

但我們必須在這些不甚瞭解的知識中，

各就其少有所知以為始，

進而試求那宇宙絕對不變之大義。

——《形而上學》

學術總是在尋求事物所依據的基本性質，
事物也憑這些基本性質題取它們的名詞。
——《形而上學》

科學的知識和它的對象與意見和意見的對象之不同，
在於科學是共同普遍的，是藉必然的聯繫進行，
又在於那必然的事物不可能是別的樣子。
——《工具論》

有一門自然學術顯然與實用之學及製造之學兩皆不同，
以生產知識而論，動變之源在生產者，不在所產物，
這動變之源就是藝術或其他職能。
相似地，於實用之學而論，
動變之源在有所作為之人，不在所作之事。
但自然哲學所研究之事物類皆自身具有動變原理，
所以自然學術既非實用，亦不從事製造，
這就成為一門理論學術。
——《形而上學》

研究「為什麼」或者「目的」，
和研究達到這個目的問題是同一學科的課題。
——《物理學》

數學能發達人的腦力，
並使人不得研究抽象的數目。
幾何能令人洞見真理，
故於人身心有裨益。
——《理想國》卷4

古今人們開始哲理探索，
都應起源於對自然萬物的驚異；
他們先是驚異於一種迷惑的現象，
逐漸積累一點一滴的解釋。
一個有所迷惑與驚異的人，每當自愧愚蠢；
他們探索哲理只是為想脫出愚蠢，
顯然他們為求知而從事學術，
並無任何實用的目的。
——《形而上學》

研究自然的學術，
相同於其他諸學術，
都必須樹立某些典範，
才能使學者對於所聞的敘述，
無論其為真為偽，
都能憑這些典範予以判斷。
——《動物志》

每一門有系統的學術，
最卑下的和最高尚的學術一律都顯見有兩樣學習的方式，
其一可稱之為有關實事實物的知識（實用知識），
另一則為可把那門學術用於教授的知識（理論知識）。
在學術已有造詣的人對於一位述作者的議論，
能確當地判斷其方式之或為優良或為低劣。
凡既學有所成，確乎就該具備這種判斷，
我們所以稱他為博學，也就在他具有這種能力。
……所云博學而能完備者，
應是指他一個人的知識是可判明所有各門或幾門的學術，
不是指任何僅辨識某些專門事物的人，
然而一個人卻總是可能只於某一門學術有所判斷，
不能通達一切學術。
——《動物志》

各門學術就只管各自的主題——
研究健康的就將事物可作為健康論的那部分為之研究，
研究人的就將事物之可作為人論的那部分為之研究。
——《形而上學》

演說、語言與修辭

善於使用隱喻字表示是個天才，
因為要想出一個好的隱喻字，
須能看出事物的相似點。
——《詩集》

一個充滿感情的演說者，
常常使聽眾和他一起感動，
那怕他所說的什麼內容也沒有。
如果一個演說家使用了和某種特殊氣質相適應的語言，
他就會再現出這一相應的性格來。
——《修辭學》

·米勒最重要的代表作——拾穗者

做一次演說有三點必須加以研究：

第一、產生說服力的方法；

第二，風格或者使用的語言；

第三，各個部分之間妥當的安排。

這就是演說家所應記住的三件事：音量、音高和節奏。

——《修辭學》

不同階級的人，不同氣質的人，
都會有他們自己的不同表達方式。
——《修辭學》

語言表現了情緒和性格，而又切題，
那麼你的語言就是妥貼恰當的。
所謂「切題」，那就是說，
既不要把重大的事說得很隨便，
也不要把瑣碎的小事說得冠冕堂皇。
對於一些平凡普通的名詞，
不應加上一些漂亮的修飾語，否則就會顯得滑稽。
在表現情感方面，
談到暴行時，你要用憤怒的口吻；
談到不虔誠或骯髒的行為時，
你要用不高興和慎重的口吻；
對於喜事，要用歡樂的口吻；
對於可悲的事，要用哀傷的口吻。
——《修辭學》

我們所藉以認識生活的一切事物，

都是通過語言學來的；

我們所學得其他一些有用的知識，

也都是通過語言學得的，

最好的教師是最會適用語言的人，

懂得最重要道理的人都是最會講話的人。

　　——《回憶蘇格拉底》

人天生都喜歡輕而易舉地把握新的思想。

語言是表現思想的，

能夠使我們把握新的思想的語言，

是我們所喜歡的語言。

陌生的詞彙使我們困惱，不易理解；

平常的詞彙又不外是老生常談，不能增加新的東西；

而隱喻卻可使我們最好地獲得某些新鮮的東西。

　　——《修辭學》

語言的準確性，

是優良的風格的基礎。

　　——《修辭學》

風格的美在於明晰而不流於平淡。

最明晰的風格是由普遍字彙所造成的，但平淡無奇。

這些字彙應混合使用，

借用字、隱喻字、裝飾字以及其他種類的字，

可以使風格不致流於平凡與平淡。

──《詩集》

優良的風格必須清楚明白，

因為事實說明，

演說者的意義如果不能曉暢的傳達出來，

它就不能完成任務。

其次，風格還必須妥貼恰當，

粗俗和過分的文雅都必須避免。

為了要做到清楚明白，

在選用詞彙的時候，

應選用那些通行的、日常的詞彙。

──《修辭學》

一般說來，

修辭術是用文辭來影響人心的，

不僅在法庭和其他公共集會場所，

而且在私人會談裏也是如此，

討論的問題或大或小，都是一樣；

無論題材重不重要，

修辭術只要選用得正確，都是可以尊敬的。

　　——《文藝對話集》

在修辭方面若要做到完美，

也就像在其他方面做到完美一樣，

或許——毋寧說，必須要有三個條件：

第一、是天生來就有語文的天才；

第二、是知識；

第三、是練習。

你才可以成為出色的修辭家。

這三個條件如果缺少一個，你就不能做到完美。

　　——《文藝對話集》

若是一個人按修辭術來爭辯是非，

他可以把同一件事對同一批人說得時而像是，時而像非，

他愛怎樣說就怎樣說……

若是政治演說，

他會把同一個措施時而說得像很好，時而說得像很糟。

——《文藝對話集》

人們若想成為高明的修辭術家，

絲毫用不著管什麼真理，正義或善行，

也不用管什麼正義或善行是先天的天性還是後天教育。

他們說在法庭人們對於這類問題的真相是毫不關心的，

人們所關心的只是怎樣把話說得動聽，

動聽要逼真或自圓其說，

要照藝術說話，就要全部精力擺在這上面。

事實有時看起來不逼真，

你就不必照實際的情形來說，只要設法把它說得逼真，

無論是辯護或是控訴，都應該這樣做。

——《文藝對話集》

一個人儘管知道了真理，
若是沒有修辭術，
還是不能按照藝術去說服。
——《文藝對話集》

總之，無論你說什麼，
你首先注意的是逼真，是自圓其說，
什麼真理全不用你去管。
全文遵守這個原則，
便是修辭術的全體大要了。
——《文藝對話集》

智慧與教育

人類的秉賦最為圓熟而完備。
——《動物志》

知識就是智慧。
——《回憶蘇格拉底》

知慧就是有某些原理與原因的知識。

誰能懂得眾人所難知的事物，

我們稱他為有智慧。

誰更擅於並更真切的教授各門知識之原因，

誰就該是更富於智慧。

——《形而上學》

君子之宴，君子不速而往；

智者之宴，愚者不速而往。

——《柏拉圖五大對話集》

見解為暫時，知識為永久的。
——《理想國》卷4

金銀不能使人變得更好些，

但智者的見解卻能使它的所有者在德行方面豐富起來。

——《回憶蘇格拉底》

己有智過於人處，
人有智過於己處。
——《泰阿泰德・智術之師》

人性熟才生巧，
己所不嫻無以能為役。
——《泰阿泰德・智術之師》

基礎課目常常是四門：
即讀寫、體操、音樂和繪畫。
——《政治學》

在教育兒童時我們應該先把功夫用在他們的習慣方面，
然後再及於理性方面，
我們必須首先訓練其身體，
然後啟發其理智。
所以，我們開始要讓少年就學於體育教師和競技教師。
——《政治學》

最完善的東西，
就最不容易受外來影響的變動。
——《文藝對話集》

壞人，如果引向一種較好的生活和思想方式，
也可能取得進步……
而且他一旦有進步，即使十分微小，
他就顯然有可能完全改變，或至少能取得很大進步。
——《工具論》

無知的人們不從事於哲學，也無意於求知，
因為無知在於儘管不美不善不聰明，卻沾沾自滿。
凡是不覺得自己有欠缺的人，
就不想彌補他根本不覺得的欠缺。
——《文藝對話集》

一切事情都是開頭最關重要，
尤其是對年幼的。
因為在年幼的時候，
性格正在形成，
任何印象都留下深刻的影響。
——《文藝對話集》

教育的目的及其作用，
有如一般的藝術，
原來就在效法自然，
並對自然的缺漏加以殷勤的補綴而已。
——《政治學》

凡事之開始，為重要之點，
而於教育柔嫩之兒童，
則宜注意，因其將來人格如何，全在此時也。
——《理想國》卷1

教育所要達到的目的既然為全邦所共同，
則大家就該採取一致的教育方案。
——《政治學》

教育就是把兒童的最初德行本能，
培養成正當習慣的一種訓練。
——《文藝對話集》

我們教育子弟、矯正子弟，
應始自孩提之初以迄於畢生之末。
——《柏拉圖對話集六種》

經驗是從時常重複同一事物的記憶發展而成的，
因為許多記憶就構成一種經驗。
——《工具論》

有經驗的人較之只有些官感的人更富於智慧，

技術家又較之經驗家，

大匠師又較之工匠更富於智慧。

而理論部門的知識比之生產部門更應是較有智慧。

智慧就是有關某些原理與原因的知識。

——《形而上學》

任何技術要是完全照成文的通則辦事，當是愚昧的。

——《政治學》

知識與理解屬於技術，不屬於經驗；

技術家較之經驗家更聰明⋯⋯

憑經驗的，知事物之所然而不知其所以然，

技術家則兼知其所以然之故⋯⋯

與經驗相比較，技術才是真知識。

——《形而上學》

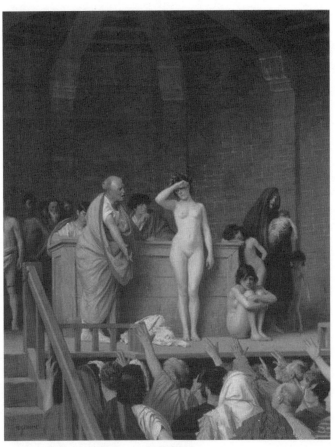

‧讓‧萊昂‧熱羅姆──拍賣奴隸

PART 5

哲學與時空之間

哲學與人

哲學被稱為真理的知識自屬恰當。
因為理論知識的目的在於真理，
實用知識的目的則在其功用。
從事於實用之學的人，
總只在當前的以及與之相關的事物上尋思，
務以致其實用，而對事物的究竟，他們不予置意。
——《形而上學》

所有其它學術較之哲學確為更切實用，
但任何學術均不比哲學更佳。
——《形而上學》

哲人應該施為，
不應該被施為，
他不應該聽從他人，
智慧較少的人應該聽從他。
——《形而上學》

哲學智慧的活動恰是被公認的能給人以愉快的，
這種愉快因其純粹和持久而更可貴，
並且我們有理由認為那些有知識的人，
比那些正在研究的人會生活得更愉快。
　　——《尼可馬可倫理學》

對於哲學的科學之研究，它是有用的，
因為從一個問題的正反兩方面提高探討困難的能力，
會使我們更易於在產生的若干論點方面察覺真理和謬誤，
它的更多的用處涉及用於好些科學的原理的最後基礎。
　　——《工具論》

哲學專在一般實事求是，
重於通則，略於偏別之處。
　　——《形而上學》

哲學並不研究個別主題具有這些或那些偶然屬性，
而是闡明萬事萬物之原由以成為此事此物之實是——
物理與數學的地位相同，
物學研究事物之屬性，
闡明其動變原理而不管其實是為如何；
所以物學與數必須編次為智慧的分支（哲學的部分）。
　　——《形而上學》

具備哲人精神者，
雖不當自戕其生以違正義，
而視死如歸則固其所矣。
　　——《柏拉圖五大對話集》

凡研究哲學者，
其專重學問不僅在少壯之時，
振奮之精神，至暮年而不懈，
顧其結果往往成古怪之物，
即其中之最優秀者，亦終毫無裨益於國家。
　　——《理想國》卷3

求哲學者既須敏於學而有優勝之記憶力者，

又須為酷愛真理公道，而兼有節制與膽量之人。

——《理想國》卷3

具真哲學之性情者，

決無一種不為人覺察之器小之病。

因為他的胸襟包羅萬有，

不論事之屬於神或屬於人者，

無不欲得其真理。

——《理想國》卷3

能成為真哲學家者，寥若晨星矣。

能成就者，唯獨具善德而受良好之教育者，

其人必為貶謫於曠寂之區，未為社會惡習所熏染者，

或高尚其志，性安恬靜，

不但不喜虛榮，更以政治權利等為可鄙。

或是古道熱腸，但軀體孱弱，雖欲染指而不可得。

除此以外，則無法成為哲學家，故其人常居少數。

——《理想國》卷3

除哲學家之快樂外，無正當之快樂，
哲學家之快樂為真快樂，餘皆快樂之影像矣。
——《理想國》卷5

凡社會性動物在它們的社會中，
必然存在某一共同目的。
這種社會性並不是一切群居動物所概有。
——《動物志》

誰最精於某一科屬的事物，
誰就必然能夠陳明有關這一門的最確實原理，
所以誰最精習於現存事物者，
也必然能夠陳述一切事物的最確實原理。
惟有哲學家能如此，最精確的原理是萬無一誤的原理。
這樣的原理宜非虛語，而且應為眾所周知。
凡為每一個有些理解的人所理解的原理必不是一個假設，
凡為有些知識的人所必知的原理，
當是在進行專門研究前所該預知的原理。
——《形而上學》

一些最初探索存在的真諦和本性的哲學家，
就像迷了路的人那樣走錯了路。
——《物理學》

哲人的文章，既有生命，又有靈魂。
——《文藝對話集》

雖說一個哲學家正像一個正直的人，
或一個具有其他任何不同的美德的人一樣，
需要必需的生活條件，
而當他們已經充分具備了這種東西之後，
正直的人還需要那些他能對之作公正的行動的人們，
有節制的人，勇敢的人以及有其他美德的人也是如此，
但是哲學家即使是一個人的時候，
也能夠沉思真理，並且他越有智慧就越好；
如果他有共同的工作者，這事也許能夠做得更好些。
但是他總還是最自足的。
好像只有這種活動才會因其本身而為人所愛；
因為除了沉思之外，沒有別的東西從它產生。
——《尼可馬可倫理學》

・米開朗基羅——最後的審判

真理與靈魂

沒有經過一切的詳細解說和論證的過程，
就不能遇真理而具有知識。
——《巴曼尼德斯篇》

在真理與友誼兩者俱為我們所親近的情形下，
為了保衛真理，我們寧取真理，這乃是神聖的義務。
——《尼可馬可倫理學》

尊重人不應該勝於尊重真理。
——《文藝對話集》

真假的問題依事物對象的是否聯合或分離而定，
若對象相合者認為相合，相離者認為相離，就得其真實；
反之，以相離者為合，以相合者為離，那就弄錯了。
並不因為我們說你臉是白，所以你臉才白；
只因為你臉是白，所以我們這樣說才算說得對。
——《形而上學》

真與假不在事物——這不像那善之為真與惡之為假，
存在於事物本身——而只存在於思想之中。
——《形而上學》

真理的證明與認識，必需是一致性的認識。
——《形而上學》

唯有明白真理的人，
才最會看出真理的類似。
——《文藝對話集》

凡以不是為是、是為不是者，就是假的。
凡以實為實，以假為假者，這就是真的。
所以人們以任何事物為是或為不是，
就得說這是真的或是假的⋯⋯
定義總是怎麼是真實，怎麼是虛假。
事物以肯定或否定之一形式為聯結則成真實，
以另一形式為聯結便為虛假。
——《形而上學》

人是世間萬物的尺度；
是一切存在的事物所以存在，
一切非存在的事物所以非存在的尺度。
——《普羅泰戈拉篇》

凡是靈魂都是不朽的。
——《文藝對話集》

身體的從屬於靈魂和靈魂的情欲部分，
受治於理性及其理智部分。
——《政治學》

靈魂由理性和情欲組成。
——《政治學》

靈魂類於神聖不朽、智慧、渾一、不壞、不變之物。
——《柏拉圖五大對話集》

當肉體之熱渴而求飲，靈魂且有不飲盜泉之水者；
當肉體之飢而求食，靈魂且有不食嗟來之食者。
——《柏拉圖五大對話集》

靈魂既與肉體相合，
則靈魂必為治理者，肉體必為服從者。
——《柏拉圖五大對話集》

熱忱，在我們的靈魂中，
正是愛情和友誼所由發生的機能。
我們要是被友好或朋輩輕侮，
則比陌路人所褻瀆，在精神上感覺到更為激蕩。
精神這事物總是向外發展而且不可屈服。
——《政治學》

所有技術中，治心之術，
對於昏淫、邪僻、怯懦，等等，
最宜於匡救而納之於正道。
——《泰阿泰德·智術之師》

身體上之完善不能使品格完善，
而高尚之品格實能使身體完善。
——《理想國》卷2

靈魂之為物，
要是本質上以及它在人生所表達的境界上，
比我們的財產或軀體更為可珍貴，
最高尚的靈魂也一定比我們最富饒的財產，
或最健壯的軀體更可珍貴。
——《政治學》

偶然‧機遇‧幸運

所謂自發，
一般地說來是適用於有目的事情範圍內，
因外在的原因而沒有發生實在的結果的事情，
如果這種自發的結果是出於能有意圖的人的意圖，
那它們就說成是由於偶然性。
——《物理學》

每個將來的事情都將是「必然的」；
活著的人必然有一天會死亡。
——《形而上學》

必然的東西被置於產生過程之中。
必然的東西是因「假設」的，
而不是作為在它以前的那些事物決定的必然結果。
——《物理學》

偶然性是有意圖有目的的行動中的由於偶然屬性的原因。
因此思考和偶然性是屬於同一範圍的，
因為意圖不是沒有思考的。
偶然性被認為是屬於不確定的事物之列，
並且是人所無法捉摸的。
也因此，所以有人認為沒有什麼是由於偶然而發生的。
因為一方面確實有事情由於偶然而發生著。
另一方面，絕對地說，偶然性不是任何事物的原因。
——《物理學》

由於必然性而發生的或者說總是這樣發生的事物，

和通常這樣發生的事物，

其中沒有哪一種其發生的原因被說成是偶然性，

也沒有人說它們的發生是由於偶然性。

但是既然除了這兩種事物而外，

還有別類事物發生著，

並且大家都說它們是由於偶然性而發生的，

可見是有偶然性和自發性的。

　　——《物理學》

在現存事物中有些保持著常態而且是出於必然，

有些則並非必然，也非經常，

卻也隨時可得而見其出現，

這就是偶然屬性的原理與原因。

這些不是常在也非經常的，我們稱之為「偶然」。

凡是偶然屬性所存在或產生的事物，其原因也是偶然的，

所有事物並不都是必然與經常的存在或發生，

世間大部分的事物只是大多數如此而已，

所以偶然必定是存在的。

　　——《形而上學》

某些事情原來常是出於某種作用，
符合於某些目的，忽然就這麼發生了，
此類事物其起因不能不歸之偶然者，便是機遇。
這樣，機遇與思想照顧著相同的範圍，
因為那些作用原來應該是憑藉思想而發生的。
引致機遇結果的原因是無定的，
所以「機遇」隱約，非人智所能運算，
這種偶然緣由可算是無原因的原因，
其結果為善為惡，為吉為凶，就說是好運道或壞運道；
倘所遭遇的後果規模很巨大，這就說興盛或衰敗。
——《形而上學》

偶然性和自發性事物兩者既不是絕對的又不是通常的，
而是屬於那為了某種目的而發生的事物。
——《物理學》

幸運是變化無常的，
因為偶然性是變化無常的。
——《物理學》

・米勒──晚鐘

在自然產生的事物裏，
自發和偶然分別得最清楚，
因為一個事物產生得違反自然，
我們不說它是由於偶然而產生的，
寧可說它是自發產生的。
──《物理學》

如果某一偶然事件的結果是好的，

人們就說是「運氣好」，

如果是壞的，就說是「運氣不好」；

如若事情的結果比較重大，就用「幸運」和「不幸」。

因此，如果剛好避開了一件重大的壞事或錯過了一件重大的好事，人們也說「幸運」和「不幸」。

因為我們把思考中的好與不好和實際中出現的好不好一樣看待，好像沒有分別似的。

——《物理學》

時間・運動・空間

時間的過去、現在和將來，形成一個連續的整體。

同樣，空間也是一種連續的數量，

因為立體的各部分占有一定空間，

而且它們具有共同邊界。

由此可知，空間也像立體的各部分一樣，

具有相同的共同邊界，

因為空間的各部分是被立體的各部分充塞的，

因此，不但時間是一種連續的數量，空間也是如此。

因為它的各部分具有共同邊界。

——《工具論》

「現在」分時間為「前」和「後」。

但這個「現在」在一種意義上是同一的，

在另一種意義上是不同一的：

作為不斷繼續著「現在」，是不同的；

作為本質它又是同一的。

沒有時間，也就沒有「現在」，

沒有「現在」，也就沒有時間。

——《物理學》

每一個事物的運動變化只存在於這變化著的事物自身，

或存在於運動變化著的事物正巧所遇的地方；

但時間等同的出現於一切地方和一切事物同在。

其次，變化總是或快或慢而沒有快慢。

因為快慢是用時間確定的，

所謂快就是時間短而變化大，

所謂慢就是時間長而變化小。

而時間不能用時間來確定，

也不用運動變化中已達到的量或已達到的質來確定。

——《物理學》

空間並不必和它裡面的物體同時增長。

點沒有空間，兩個物體不能在同一個空間裡；

空間也不是一有形的獨立的體積，

因為空間內的東西是物體——

隨便是什麼物體，而不是物體的體積……

不是任何事物都是空間裡的，

只有能運動的事物才在空間裡。

　　——《物理學》

現在是時間的一個環節。

連接著過去的時間和將來的時間；

它又是時間的一個界限：

將來時間的開始，過去時間的終結。

既然「現在」是時間的終點和起點，

但不是同一時間的終點和起點，

而是已過去的時間的終點，

和將來時間的起點……

時間永遠在開始和終結之中，

時間不會消滅，因為它總是在開始著……

　　——《物理學》

時間不是運動而是使運動成為可以計數的東西。

我們以數判斷多或少，以時間判斷運動的多或少。

因此時間是一種數，但是數有兩種涵義，

我們所說的數有：

「被數的數」（即可數的數）和「用以數的數」，

時間呢，是被數的數，不是用以計算的數。

正如運動總是在不停地繼續著那樣，

時間也是不停地繼續的。

但所有同時的時間是同一個，

可是放在一定的關係中看，它又不是同一的。

——《物理學》

既然在「時間裏」像「在數裏」一樣，

那麼可以認為時間比一切在時間裏的事物都長久。

因此必然，在時間裏的所有事物應被時間所包括，

就像「在某事物裏的事物」也被「某事物」所包括。

例如，「在空間裏的事物」被「空間」包括一樣。

——《物理學》

我們不僅用時間計量運動，也用運動計量時間。

因為，它們是相互確定的；

時間既然是運動的數，運動也確定了時間。

——《物理學》

既然任何一個運動都發生在時間裏，

並且在任何一段時間裏都能有運動，

又，任何一個運動著的事物都既能運動得快些，

也能運動得慢些，

又在任何一段時間裏都能有較快的運動，

也能有較慢的運動，

既然如此，那麼必然時間也是連續的。

——《物理學》

既然時間是運動的尺度，

附帶它也應該是靜止的尺度。

因為一切的靜止都是在時間裏的。

——《物理學》

既然運動事物是由一處運動到另一處的，

並且任何量都是連續的，因此運動和量是相連的。

因為量是連續的，所以運動也是連續的，

而時間是通過運動體現的；

運動完成了多少總是被認為也說明時間已過去了多少。

「前」和「後」的區別首先在空間方面的，

在空間方面它們用於表示位置，

其次，既然量裡有前後，

運動裡也必然有前後，

但是因為時間和運動總是相聯的，

所以時間裡也有前後。

時間裡的前後，兩者存在的基礎是運動，

但是在定義上前後有別於運動，也就是說，不是運動。

當我們用確定「前」「後」兩個限來確定運動時，

我們也才知道了時間、也就是說，

只有當我們已經感覺到了運動中的前後時，

我們才說時間過去了。

──《物理學》

時間既不是運動也不能脫離運動。

我們是同時感到運動和感覺到時間的。

因為雖然時間是難以捉摸的，

我們不能具體感覺到的，

但是，如果在我們意識裏發生了某一運動，

我們就會同時立刻想到有一段時間已經和它一起過去了。

反之亦然，在想到有一段時間已經過去了時，

也總是同時看到有一運動已經和它一起過去了。

因此，時間或為運動或為運動的某某。

既然它不是運動，當然就只是運動的某某了。

──《物理學》

當一運動物靜止，或靜止時向運動轉變，

無疑地，它必然不是在一個時間裡。

沒有一個時間，可以同時既不運動又不靜止。

──《巴曼尼德斯篇》

凡沒有運動和靜止的事物都不在時間裏；

因為「在時間裏」就是指「被時間計量」

和「時間是運動和靜止的尺度」。

──《物理學》

既然任何運動著的事物都是在時間裏運動著，
時間愈長，運動通過的距離也愈大。
那麼一個有限的運動是不可能在無限的時間裏進行的，
這不是指同一個運動或它的某一個部分永遠不斷地反覆，
而是指整個的運動在整個的時間裏而言。
——《物理學》

空間乃是一事物的直接包圍者，
而又不是該事物的部分。
直接空間既不大於也不小於內容物，
空間可以在內容事物離開後留下來，
因而是可以分離的；整個空間有上和下之分，
每種元素按本性趨向它們各自特有的空間並在那裡停留。
——《物理學》

萬物皆在時間之中產生和滅亡。
因此，才有人說時間是最有智慧的。
——《物理學》

運動與靜止

動有兩種，為數各無窮：

一種具有施的能力，

一種具有受的能力。

兩種動相交相摩而致無數成對的果。

　　——《泰阿泰德‧智術之師》

動有兩種：

其一、是性質的變更，

其二、是地點上的遷移或旋轉。

物既必動而不能不動，便永在各種動中。

　　——《泰阿泰德‧智術之師》

運動共有六種：

產生、毀滅、增加、減少、變更、地點改變。

　　——《工具學》

「運動」最基本的是空間方面的運動（移位）。

　　——《物理學》

運動著的事物有的是自身的運動，

有的是因偶然隨著運動的。

——《物理學》

既然範疇分為：

實體、質、處所（空間）、時間、關係、量、行動和遭受，

那麼，必然運動有三類——

質方面的運動，量方面的運動和空間的運動。

——《物理學》

實體沒有運動，因為沒有任何與實體對立的存在。

關係也沒有運動，不過，當相關的一方發生變化時，

其另一方面雖沒有變化，但卻不能與之相適應了，

因此，關係有偶然的變化。

也沒有行動和遭受的運動，

一切的主動與被動都沒有運動，

因為既不能有運動的運動，也不能有產生的產生，

一般來說，不能有變化的變化。

——《物理學》

運動被認為是一種連續的東西，
而首先出現在連續性中的概念是「無限」。
如果沒有空間、虛空和時間，運動也就不存在。
離開了事物就沒有運動，
因為變化中的事物總是或為實體方面的或為數量方面的或
為性質方面的或為空間方面的變化。
要找到一個能概括這些事物的共性而又既非實體又非數量
又非性質或其他任何一個範疇是不可能的。
存在有多少種，也就有多少種的運動和變化。
潛能的事物的實現即是運動。
——《物理學》

既然任何自然能運動或靜止的事物，
在自然的時間地點不是在自然地運動著，
就是在自然地靜止著，
那麼趨向靜止的事物在趨向靜止的時候，必然在運動著。
因為，如果它不在運動著，就會是靜止著。
但正靜止著的事物是不能同時又處於趨向靜止的過程中。
——《物理學》

動會靜，靜也會動，

它們倆只要其一變成其他，

就會逼使其他變成與本性相反者，而有與其相反的性質。

——《泰阿泰德・智術之師》

當一個自然能運動的事物，

在它不運動之際，它就是靜止著。

其次當一個事物的現在狀況和以前的狀況沒有改變時，

我們說它是靜止著，因此判斷事物是靜止著，

不能僅用一個限點，而需要用兩個限點。

——《物理學》

運動是能主動的事物和能被動的事物，

作為能主動者和能被動者的實現。

——《物理學》

．克拉姆斯柯——無名女郎

凡認為世上一切事物皆變動不息，

沒有一刻能保持相同的情態，

用這樣的觀念作為我們判斷真理的基礎，是荒謬的。

探索真理必以保持常態而不受變改之事物為始。

——《物理學》

有部分的東西，
其部分與部分之間不免有統一性，
在此情況下的各部分之總和，
或其所形成的整體，也就是「一」了。

——《泰阿泰德‧智術之師》

凡是變化的東西必然是由於某種原因才發生變化的，
因為如果沒有原因，就沒有什麼東西會變化。

——《蒂邁歐篇》

屬於全體的也就屬於部分，
屬於部分的也就屬於全體。

——《文藝對話集》

部分是整個的部分。
亦既是整個又具有部分，
在每一情況裡它就要是由部分組成的了。

——《巴曼尼德斯篇》

對立與統一

凡一切事物的質性，
其兩極可涵概於同一事物中而不能同時出現的——無論它
們的本身或其組成——被稱之為「相反」。
——《形而上學》

凡沒有自己的對立者的事物就不能有運動，
只能有兩相反對立的從它出發的變化和趨向它的變化。
——《物理學》

任事物都不能隨便地互相影響，互相產生，
除非是指因偶然而如此。
事物消失時也不會變成別的純偶然的事物。
——《物理學》

對立不僅存在於運動和運動之間，
而且還存在於運動和靜止之間。
——《物理學》

無物自成一物，

施受雙方俱不獨自成物，

雙方遇合而起知覺與知覺對象，

於是施者成為含有某種性質之物，受者成為知覺者。

　　——《泰阿泰德・智術之師》

豈只相反者不相為容而已，

凡於二相反者之中，

與此俱生者，必不容彼。

與彼俱生者，亦不容此。

　　——《柏拉圖五大對話集》

即使最美的食物，

如果是在人類不想吃的時候就給他擺上，

也會覺得沒有滋味，

如果是在他吃飽的時候給他擺上，

甚至還會令他討厭。

但如果是在人們飢餓的時候給人們什麼，

那麼即使是比較粗糙的食物，

也會覺得很可口了。

　　——《回憶蘇格拉底》

物與我，施者與受者，
無論存在或變為，必是彼此相對相關；
必然律使物與我存在即時即境彼此相羈絆，
不各束於他物，不各羈於自己；
因此，物與我惟即時即境彼此相束相羈。
　　──《泰阿泰德‧智術之師》

相反之事，大抵相生。
……弱先於強，迅又生於緩。
惡生於善；公又生於私
　　──《柏拉圖五大對話集》

一般性的東西在理性上較為易知，
個別的事物為感覺所較易知，
因為理論闡述是和一般性發生關係的，
而感覺是和個別的事物發生關係的，
例如大和小就屬於前一類，
而稀和密則屬於後一類。
　　──《物理學》

一樁東西對飢餓來說是好的，

對熱病來說可能就不好；

對賽跑來說是美的東西，

對摔跤來說往往可能是醜的。

因為一切事物對它們所適合的來說都是既美又好的，

對於它們不適合的則是既醜而又不好。

　　——《回憶蘇格拉底》

如果某人明確地瞭解到一種相對的事物，

他自然也明確地瞭解到同他相對的事物。

　　——《工具論》

對立面都不能沒有面，

沒有可笑的事物，嚴肅的事物就不可理解，

一個人可以理解到這兩個方面，

但是如果他多少在行德行，

就不能在行動上同時感到嚴肅可笑。

正由於這個道理，他應該學會懂得這兩方面，

以免在無知中做出不合式的可笑的事，

或是說出不合式的可笑的話。

　　——《文藝對話集》

概念

數量的最顯著的標誌：
可以用等於和不等於來加斷言。
——《工具論》

定義之所以為人所重，就在於它必有所指明。
由名詞組成的公式將所解釋的事物劃出了界限。
——《形而上學》

證明基本性質和證明某種聯繫的事實不一樣。
定義是揭示基本性質的，
證明則揭示已知屬性附著於或不附著於某已知主體。
不同的事物需要有不同的證明；
除非某一證明另一證明的關係是部分和整體的關係。
——《工具論》

當事物雖然具有共同名稱，

然而與其名稱相應的定義（相當於現代邏輯中的下定義概念）彼此各異時，便認為是「同名異義」的。

——《工具論》

句子是語言的一個有意義的部分，

它的某些部分具有獨立的意義，

也就是說，它儘管不是作為任何肯定判斷的表達，

但足以作為某種有意義的發言。

每個句子都有其意義。

這並非由於它是身體的某一機能藉以實現的自然手段。

——《工具論》

口語是心靈的符號，

書面語言是口語的符號。

正如任何人沒有相同的書法形式一樣，

任何人也沒有相同的說話聲音，

但是它們所直接代表的心靈的經驗，

對於所有的人來說卻是相同的，

正如我們的經驗所反映的那些事物都是相同的。

——《工具論》

所謂名詞，

是意指依據慣例的一種有意義的聲音。

它與時間無關，

而且它的任何一部分要是離開了其它部分就沒有意義了。

一個動詞除了它本身的意義外，還帶有時間概念。

動詞的任何部分都沒有獨立的意義。

動詞是論及某一事物時的某事物的一種記號。

——《工具論》

定義一定是原始的前提或某一證明的結論。

定義——即那些不被表明為任何東西存在，

或不存在的陳述——不是假設，

但一門科學的假設被包含在它的前提中。

定義只要求被了解。

——《工具論》

推理與反駁

任何一門科學的定理都不能藉其他科學予以證明，

除非這些定理發生下級同上級這樣的關係。

——《工具論》

用經過證明的假定去論證，
是對於證明所提出的問題的一種失敗。
證明是根據較為確定的和之前的知識進行的。
　　——《工具論》

歸納是更有說服力和清楚的，
它更易於利用感官去學習，
而且一般地對人民是可使用的。
　　——《工具論》

在三段論中必須有一前提是肯定的，
而且一定要有全稱的前提；
除非前提之一為全稱，
否則或者不能建立三段論，
或者它會同所提的主題無關，
或者原有觀點會被看作是未經證明的假定。
　　——《工具論》

無知——不被解釋為知識的否定，
而解釋為心的積極狀態——是因推論而生的錯誤。
——《工具論》

證明從普遍發展，
歸納從特殊發展。
——《工具論》

不先討論就進行反駁，這是十分荒謬的，
因為反駁就是一種證明，
因為一個反駁只不過是對一個論題矛盾命題的表面證明。
反駁則是含有已定結論的矛盾命題的推理。
一個反駁就是一個對於矛盾命題的證明。
——《亞里士多德形式邏輯言論選編》

前提就是以某事物肯定於或否定於另一事物的一個句子。
它或者是全稱的，或者是特稱的，或者是不定的。
——《工具論》

前提之所以真實，

是因為那些不存在的東西不能被認識。

前提必須是原始的和不用證明的，

否則它們就需要證明才能認識。

前提必須是結論的原因，

比結論被知道得更清楚，

並且先於結論而存在。

　　——《工具論》

我們必須藉助歸納法去獲悉原始的前提，

因為感官知覺藉以牢固樹立普遍的方法是歸納的。

　　——《工具論》

我們的計劃是要發現推理的某種才能，

也就是根據實際存在的，

被普遍地承認的前提對當前的任何論題進行推理的才能。

這就是討論的技巧（論辯術）和審察的技巧（檢查法）的

主要內容。

　　——《工具論》

對於不同對手不宜用同樣的辯論方法。

有些人需要與之講理，有些人只能予以強迫。

因為有些人接受辯論，旨在貫通自己的思想。

所以只要將困惑各點予以啟發，

引導他逐步進入明顯的地方，

他就豁然開朗，治癒了他的愚昧。

然而對於那些仰仗著言語與名詞，

專門為辯論而辯論的人，

除了否定他的辯論，就沒法為他診治了。

——《形而上學》

結論必須從必然的前提推得。

——《工具論》

推理和反駁二者有時是真的，

有時卻不是，儘管缺乏經驗的人會把它誤認為真。

推理總是建立在某些敘述之上，

這些敘述必然借助已經敘述的事情，

以包括所述事物以外的其他事物的斷言，

反駁則是包含已知結論的矛盾命題的推理。

——《工具論》

・讓・熱爾曼・德魯埃——被囚禁的馬里尤斯

如果要推翻一種見解，
你就要問，如果這見解是正確的，
就可推出另有什麼必是正確的，
因為如果你能證明從這見解所推出的結論是不正確的，
你就摧毀了這個見解。
——《亞里士多德形式邏輯言論選編》

辯辯的技術乃是一種憑外表的智慧來搞錢的技術，

而且這就是他們的目標僅僅在於一種外表的論證的原因。

同一個論證將既是詭辯的，也是爭論的，

但並不是從同一觀點上看的，

如果其目的在求得表面的勝利的話，毋寧說它是爭論的。

如果其目的在於顯於外表的智慧，它就是詭辯的。

因為詭辯的技術乃是一種智慧的假象，

並不表現真正的智慧。

——《亞里士多德形式邏輯言論選編》

那種從證明的特殊事件來看一般原理的人，就是辨證家。

而那種僅僅在表面上這樣做的人，就是詭辯家。

——《亞里士多德形式邏輯言論選編》

有些東西互為原理。

例如鍛鍊好使得身體好，身體好也使得鍛鍊好。

不過，它們不是同一種原因：

一是目的，一是運動變化的根源。

——《物理學》

PART 6

政治與體制

為政之道

國家與個人，
不經哲學家治理，
決無希望可言。
——《理想國》卷3

要明白主政者的良規，
必須學會服從的道理。
——《政治學》

凡是想擔任一邦中最高職務，
執掌最高權力的人們，必須具備三個條件：
第一、是效忠於現行政體；
第二、是足以勝任他所司職責的高度才能；
第三、是適合於該政體的善德和正義。
——《政治學》

在締造一個政府時，
必須注意軍備。
——《政治學》

為政最重要的一個規律是：
一切政體都應訂立法制，
並安排它的經濟體系，
使執政者和屬下不能假借公職，營求私利。
——《政治學》

凡名實相符之治國者，
終當以人民之利益為前提，
而無以己之利益為前提者。
——《理想國》卷1

「明哲」是統治者所應具備的品德，
被統治者所應具備的品德則為「信從」。
——《政治學》

人們互相依賴又互相牽制，

誰都不能任意行事，

這在實際上對每個人都屬有利。

倘若由他任性行事，

總是難保不施他內在的惡性。

把政務托付給有才德的人，

而群眾都賦有應具的權力，

就足夠限制官吏的任何過錯了。

——《政治學》

一切欺蒙人民的方法，都不足置信。

——《政治學》

治國者欲盡其職務，

而使人類進化，如治病般非用藥石不可。

疾病之輕者，只須節減其飲食，

而負責醫治者僅為通常的醫生就夠了。

若病重須進藥石者，則非良醫不可。

——《理想國》卷3

要知道一個官員能兼管多少職司，

第一、須確切明白這一國內究竟要哪幾種職司，

以及哪幾種職司雖非絕對必要，

卻也應該予以設置。

第二、我們還得注意到，

哪些事情應在各處就地設置職官，

哪些事情則應由一個集中的職司管轄全境。

第三、我們又必須考慮這樣的問題：

職司的配置應以所司業務為依據，

或以所管理的人們的類別為依據。

——《政治學》

人們鑒於患難當前，

誰都會竭力保護自己的政體，

所以執政的人愛邦重國，

應當熟慮敵害，把遠禍看作近憂，

及時製造警報，使全邦人民常常處於戒備狀態，

人人都像守夜的巡邏，通宵注視著四周的任何動靜。

——《政治學》

錯誤在於原始（主政者），

所以諺語說：「善始者已經造成了事情的一半。」

開頭小小一點過錯，

就抵得上末後種種的大錯。

——《政治學》

那些當上了執政者的人們，

對於那些受統治的人們，

又往往在禮儀上擺出一些與眾不同的樣子。

——《政治學》

那些初握政權者，

溫和之笑容溢於言表，

待人接物，無不以禮；

其在公在私，均能言而有信；

負罪者設法豁免之；

貧困者以土地分給之；

對於舉國人，無不曲事周旋。

——《理想國》卷4

不讓任何人在政治方面獲得脫離尋常比例的超越地位——
實際上這一成規可以適用於一切政體。
　　——《政治學》

無一藝術家或治國者會考慮到屬於一己之利益，
其所考慮到的不外是弱者或受支配者之利益。
　　——《理想國》卷1

暴君們往往好戰，
其目的也正在使臣民不得休息，
而且不得不服從他們的統率。
　　——《政治學》

那些執政者，當富有之時，徒知揮金如土，
豈能有益於國家、有益於人民？
難道你們不以為他們僅有執政之名而無執政之實，
既非治人者亦非被治者，不過是浪費金錢之徒罷了？
　　——《理想國》卷4

治理者須為愛國之人，

其愛國與否，當以種種憂危困苦與富貴淫樂試之。

試之而即改變初衷者，不可使之治國。

屢試而不變者，方可托之以治國之責。

　　──《理想國》卷3

治國者而欲至完善之程度，

亦非經歷盤旋之修途不可。

既竭力操練其身體；

又當努力於學問，

否則即不能有最高貴之學識也。

而此最高貴之學識為治國所應具者。

　　──《理想國》卷3

統治者的訓練應該不同於一般公民的教育。

統治者的品德有別於一般被統治公民的品德。

那麼，以統治者來說，

其品德就相同於善人的品德，

好公民和善人的品德雖不是所有的公民全然相同，

在「作為統治者」這一部分特殊的公民就應相同。

　　──《政治學》

統治者和被統治者的結合，
使兩者互相維繫而得到共同保全。
凡是理智而遇事能操持遠見的，往往能成為統治的主人；
凡是具有體力而能擔任由人憑遠見所安排的勞務的，
也就自然成為被統治者，而處於奴隸從屬的地位；
在這裡，主奴兩者也具有共同的利益。
　　——《政治學》

主人的學術就著重在怎樣運用奴隸，
主人並不是由於他占有多少奴隸而成為主人，
能夠運用奴隸，這才真正成為主人。
所謂家主學術，即在如何運用奴隸，
那就只需要知道如何指揮奴隸，使他們各盡所能便可。
　　——《政治學》

卑賤懦弱之人須承認他人之才智膽量，願與之以治人之權，
而有識有才者，則當承認眾人之推許，而不負所託。
　　——《理想國》卷2

政治家與政體

一般的人往往不注意變亂的先兆，
只有真正的政治家才具有這種遠見。
——《政治學》

真正的政治家，
首要在於研究德行，
以求國人為善守法。
——《尼可馬可倫理學》

對於一個清明而能時常反省的人看來，
作為一個政治家而竟不顧他人的意願，
只工於統治鄰邦的策劃，這是很可詫異的。
這種統治實際上是不合法的，
一個政治家或立法家怎能設想到非法的事情？
掌握了權力就不顧正義，
這種不問是非的強迫統治總是非法的。
——《政治學》

・弗美爾──倒牛奶的女僕

政治研究，這一門顯然也該力求完備：

第一、應該考慮，何者為最優良的政體；

第二、應該考慮適合於不同公民團體的各種不同政體；

第三、在某些假設的情況中，應以哪種政體為相宜，

　　　　並研究這種政體怎樣才能創制，

　　　　在構成以後怎樣可使它垂於久遠；

第四、還應懂得最相宜於一般城邦的政體的通用形式。

——《政治學》

政治家的行為也不是悠閑的，

它（且不說政治行為本身）是以專權和名位為目的，

或者至多也不過是以他自己和同胞們的幸福為目的。

——《尼可馬可倫理學》

一切政體都有三個要素……

一、為有關城邦的一般公務的議事機能（部分），

二、為行政機能的部分——行政機能有哪些職司，

　　　所主管的是哪些事，以及他們怎樣選任；

三、為審判（司法）機能。

——《政治學》

「政體」這個名詞的意義相同於「公務團體」，

而公務團體就是每一城邦「最高治權的執行者」，

最高的執行者則可以是一人，

也可以是少數人，又可以是多數人。

這一人或少數或多數的統治者要是旨在照顧全邦的利益，

則他或他們所執掌的公務團體就是正宗政體。

反之，如果他們所執掌的公務團體只是在照顧自己一人，

或少數人或平民群眾的私利，那就必然是變態政體，

以一人為統治者，凡能照顧全邦人民利益的，

通常就稱為「王制」；

凡政體的以少數、雖不止一人而又不是多數為統治者，

則稱為「貴族政體」；

以群眾為統治者而能照顧到全邦人民公益的，

人們稱它為「共和政體」。

——《政治學》

一種政體如果要達到長治久安的目的，

必須使全部各階級的人民都能參加，

而懷抱著讓它存在和延續的意願。

——《政治學》

相應於上述各類型的變態政體，

僭主政體為王制的變態；

寡頭政體為貴族政體的變態；

平民政體為共和政體的變態。

僭主政體以一人為治，

凡所設施也以他個人的利益為依歸；

寡頭政體以富戶的利益為依歸；

平民政體則以窮人的利益為依歸。

三者都不照顧全體公民的利益。

——《政治學》

議事機能具有最高權力；

（一）和平與戰爭以及結盟與解盟事項；

（二）制訂法律；

（三）司法方面有關死刑、放逐和沒收的案件；

（四）行政人員的選任與任期結束對於他的政績審查，

這些都由議事機能作最後裁決。

——《政治學》

政體的變革，總是由兩個不同的途徑演進：

（一）有時騷動就指向現行政體、圖謀變更政權的性質。

（二）有時內訌的目的就不在推翻現行政體：

　　　發難的黨派可以採取比較溫和的路線──

　　　⑴ 維持原來的政體，不問其為何種政體……讓它繼
　　　　　續存在，卻將行政權力爭取到自己這一黨派的手
　　　　　中。

　　　⑵ 也可以促使原來的政體採取新措施，或嚴厲，或
　　　　　弛緩。

　　　⑶ 發難的黨派也可以不反對整個政體而不滿於其中
　　　　　某些部分，因而要求建立某一行政機構或推翻某
　　　　　一機構。

──《政治學》

凡能包含較多要素的總是較完善的政體，

所以那些混合多種政體的思想應該是比較切合於事理。

　　　──《政治學》

政體（憲法）為城邦一切政治組織的依據，

其中尤其看重於政治所由以決定的「最高治權」的組織。

　　　──《政治學》

政體之所以會分成若干不同的類型，
在於每一城邦都是由若干不同部分組成。
——《政治學》

完全按照成文法律統治的政體，
不會是最優良的政體。
——《政治學》

由人們不同的德行，
產生不同種類的城邦，
建立若干相異的政體。
由各種不同的途徑，
用各種不同的手段追求各自的幸福。
於是不同的人民便創立不同的生活方式和政治制度。
——《政治學》

專制為政治之最惡者，
賢人秉政為政治之最善者。
國之最苦楚者莫如專制政治之國。
——《理想國》卷5

君王都由其朋從為之維持和擁護；
至於僭主，卻別有他的經綸：
他知道全邦的人民誰都想推翻他，
但只有他的那些朋友才真正有推翻他的能力，
所以朋友們最不宜信任，對他們是應該特別注意的。
——《政治學》

依絕對公正的原則來評斷，
凡照顧到公共利益的各種政體就都是正當或正宗的政體，
而那些只照顧統治者們的利益的政體，
就都是錯誤的政體或正宗政體的變態。
——《政治學》

政治識別的一個通例是：
凡不容許任何公民一律分享政治權利的應屬於寡頭性質，
而容許任何公民一律參加的就都屬於平民性質。
這裡所說的是容許一切具備必要資格的公民全都參加的，
只是有些人缺乏資產，不得不忙於生計，因此沒有餘暇。
實際上，必需是有餘暇的人們才真正挺出而從政。
——《政治學》

假設一個既是好人又是好公民的群眾集團，
試用這個好人集團和那一個好人相比，
究竟誰易於腐敗？
若干好人的集團一定較不易於腐敗。
倘使若干好人所共同組織的政府稱為貴族政體，
而以一人為治的政府稱為君主政體，
那麼，世間這樣多同等賢良的好人要是可以找到，
我們寧可採取貴族政體而不採取君主政體了。
——《政治學》

古代各邦一般都通行王制，
王制所以適於古代，由於那時賢哲少，而且地小人稀。
另一理由是古代諸王都曾經對人民積有功德，
同時少數具有才德的人也未必對世人全無恩澤。
但功德特大的一人首先受到了擁戴。
隨後，有同樣才德的人增多了，他們不甘心受制於一人，
要求共同參加治理，這樣就產生了立憲政體。
——《政治學》

凡是平民政體中存在著較多的分享較大的政權，

顯示著中間的性格，就比寡頭政體較為安定而持久。

凡是平民政體中沒有中產階級，

窮人為數特多，占了絕對的優勢，

內亂就很快會發生，邦國也就不久歸於毀滅。

——《政治學》

四個種屬的君主政體——

第一、史詩時代的古制，王位由人民所公推，

　　　而能限於領軍，主祭和裁斷法案。

第二、蠻族君王出於世襲，

　　　雖說憑成法進行統治，但具有專制的權力。

第三、所謂民選總裁，只能算是一種公推的僭主。

第四、斯巴達式的諸王，他們是世襲的統帥，終身握有軍

　　　事指揮的權力。

君主政體還有第五屬，是具有絕對權力的君主，由他一個

人代表整個氏族全權統治人民。

——《政治學》

法律

要使事物合於正義，
須有毫無偏私的權衡。
法律恰恰正是這樣一個中道的權衡。
——《政治學》

凡是不憑感情因素治事的統治者，
總比感情用事的人們較為優良。
法律恰正是沒有感情的，
人類的本性使誰都難免有感情。
這裡主張君主政體的人可以接著強調個人的作用，
個人雖然不免有感情的毛病，
然而，一旦遭遇通則所不能解決的特殊事例時，
還得讓個人較好的理智進行較好的審判。
那麼，這就的確應該讓最好的人為立法施令的統治者。
——《政治學》

法律者，國家所賴之以維持。
——《理想國》卷5

‧喬爾喬內——女占卜師

法律實際是也應該是根據政體來制訂的，

當然不能叫政體來適應法律。

政體可以說是一個城邦的職能組織，

由以確定最高統治機構和政權的安排，

也由以訂立城邦及其全分子所企求的目的。

法律不同於政體，它是規律，

執政者憑它來掌握他們的權力，

並藉以監察和處理一切違法失律的人們。

——《政治學》

法律所以能見成效，全靠民眾的服從。

而遵守法律的習性，須經長期的培養。

如果輕易地對這種或那種法制常常作這樣或那樣的廢改，

民眾守法的習性必然消滅，而法律的權威性也就削弱了。

——《政治學》

真想解除一國的內憂，

應該依靠良好的立法，

不能依靠偶爾的機會。

——《政治學》

法治應包含兩種意義：

已成立的法律獲得普遍的服從，

而大家所服從的法律，

又應該本身是制訂的良好的法律，

人民可以服從良法也可以服從惡法。

——《政治學》

法律就是某種秩序，
普遍良好的秩序基於普遍遵守法律和禮俗的習慣。
──《政治學》

國家立法，總想實至名歸，立法的本旨在此。
而且盡其所知所能，制訂於己最有利的律令。
──《泰阿泰德・智術之師》

審判官坐在法庭上是要判斷是非曲直，
不能枉法徇情；
他發誓不憑自己的好惡施恩報怨，
只是依法判斷。
──《蘇格拉底的申辯》

積習所成的「不成文法」比「成文法」實際上更有權威，
所涉及的事也更為重要。
──《政治學》

……想要擔任審判之責者，

應有高潔之心，清澈之腦，

這樣才可以對人下公正之判斷。

若想做到這樣，則此人必須從未被罪惡所污染，

絕無罪惡上之經驗方可。

正是因為如此，所以性情簡樸的善人，

總是被奸詐者所欺，因為善人腦中本無罪惡的印象。

——《理想國》卷2

真政治家，無論其在完善之國家與不良之國家，

必不以修訂法律為要務，

因為在不良國家中，雖有法律，無所用之，

於完善國家中，人民已有良好之教育，

人人自律循於法律之中，

而條例字句之訂定，當然不為難事矣。

——《理想國》卷2

世間重大的罪惡往往不是起因於飢寒，

而是產生於放肆。

——《政治學》

誰說應該由法律遂行其統治，

這就有如說惟獨神祇和理智可以行使統治；

至於誰說應讓一個個人來統治，

這就在政治中混入具獸性的因素。

常人既不能完全消除獸欲，

雖最好的人們也未負有熱忱，

這就往往在執政的時候引起偏向，

法律恰恰正是免除一切情欲影響的神祇和理智的體現。

——《政治學》

如果在執行懲罰時，

能夠減少所引起的憎恨，

執行的人員就可以比較認真的辦理。

倘使同一機構的人員既決定課罰，又執行這些懲罰，

這個機構就會被受罰者加倍地憎恨。

倘使一切懲罰都由某一組人專門執行，

那麼這一組人就必然成為眾所怨嘆了。

——《政治學》

凡有理由之責罰者，
決非對於作惡者之行為有所報復，
因為所犯之惡事已屬過去，無法回復其舊，
其目的在於儆其將來，使此人或他人見之者不致再犯。
這樣做可證明德是可經由訓練而得的。
凡屬責罰不論公私皆出於此種心理。
——《柏拉圖對話集六種》

很壞的人都來自那些有權的人。
可是就在這一類人中間，也出現了善人，
而且當其出現時，他們就值得世人極度欽仰。
因為當人們有了作惡的大權時，
則生得正直，死得其所，
確為難事，極可稱道，
而能達到這種地步的，真是鳳毛麟角。
——《高爾吉亞》

任何制度，凡先前的總是比較粗疏，
而後起的就可以更加周到。
——《政治學》

最好的立法家都出身於中產家庭。
——《政治學》

人們懲罰惡人，決不是因為這個人曾經作錯事。
……凡要施行合理懲罰的人，並不是對過去罪行的報復，
因為已過去的事，不能回復其舊，
他只是為將來免使受懲的人以及看見別人受懲的人，
不再犯錯而已。
——《普羅泰戈拉篇》

裁判人必須是有品德的，這種人才要求智勇兼備。
一個真正的裁判人不應該憑劇場形勢來決定，
不應該因為群眾的叫喊和自己的無能而喪失勇氣，
既然認識到真理，
就不應該由於怯懦而隨便作出違背本心的裁判，
用向神發誓的那張嘴去說謊，
他坐在裁判席上不是作為劇場觀眾的學生，
而是作為他的教師，
他應該敵視一切迎合觀眾趣味的勾當。
——《文藝對話集》

公民與城邦

從財政方面來說，

那能使城邦更富裕的人是更好的公民；

從戰爭方面來說，

那能使城邦更強大的人是更好的公民；

作為一個使節，

那能化敵為友的人是更好的公民。

在議會發言方面，

那能止息戰爭創造和諧的人是更好的公民。

——《回憶蘇格拉底》

群眾對自己不得擔任公職，不一定感覺懊惱，

他們甚至樂於不問公務，專管業務；

但一聽到公務人員正在侵蝕公款，他們就深惡痛絕；

他們因此才感覺自己在名利兩方面都有所損失了。

——《政治學》

城邦應該是許多份子的集合，

惟有教育才能使它成為團體而達到統一。

——《政治學》

假如群眾不是很卑賤的人們，

則就個別而言，

他的判斷能力不及專家，

但當他們集合起來，

就可能勝過或至少不比專家們有所遜色。

——《政治學》

群眾比任何人有可能作較好的裁判。

物多者不易腐敗。

大澤水多則不枯，

小池水少則易枯。

多數群眾也比少數人不易腐敗。

——《政治學》

認為統治者和被統治者為類不同，

就應熟習各不相同的才識，

而公民兼為統治者和被統治者，

就應熟悉兩方面的才識。

——《政治學》

依據公正的原則——

無論從政是一件好事或是一件壞事；

也應該讓全體公民大家參與政治，

安排好執政者輪流退休，

這就不失為一個通情達理的辦法了。

　　——《政治學》

國勢強弱，

與其以人數來衡量，

毋寧以他們的能力為憑。

具有最高能力足以完成其作用的城邦，

才可算是最偉大的城邦。

　　——《政治學》

國家之大小，

當視其能否真正統一為標準，

不可使其土地擴充至不能統一之地步。

　　——《理想國》卷2

國家的經濟儲備，

不僅應該足供每一公民平時在國內的政治活動，

還應當有些餘裕以應付外敵入侵時的軍需物質。

——《政治學》

人既各有所求而又需多數之他人供給之，

於是各本其願欲而合群而成團體。

凡由此群此團體聯絡而成立，

其全部即名之曰「國家」。

——《理想國》卷1

最好的政治團體必須由中產階級執掌政權。

凡邦內中產階級強大足以抗衡其他兩個部分而有餘，

或至少要任何其他單獨一個部分為強大，

那麼中產階級在邦內占有舉足輕重的地位，

其他兩個相對立的部分就誰都不能主治政權，

這就可能組成優良的政體。

——《政治學》

從善業也一定是最高而最廣的，
這種至高而廣涵的社會團體就是所謂「城邦」，
即政治社團。
——《政治學》

軍事

從事戰爭的訓練不應以奴役不該做奴隸的人們為目的，
尚武教育的目的應該是這樣：
第一、保護自己；
第二、取得領導的地位；
第三、對於稟賦有奴性的人們，才可憑武力為之主宰。
——《政治學》

一個將領應顧及士兵的安全，
給他們提供糧秣，使養兵的目的得以完成。
這樣做的目的就是為了使他們在作戰時可以制敵取勝，
獲得更大的快樂。
——《回憶蘇格拉底》

・波提切利的代表作——維納斯的誕生

戰爭技術的某一意義本來可以說是在自然獲得生活資料，
而狩獵隨後則成為廣義的戰爭的一部分。
——《政治學》

戰爭必須只是導致和平的手段。

——《政治學》

凡考慮應該作戰的人，
就必須知道城邦的力量和對方的力量。
　　——《回憶蘇格拉底》

在任何情況下，
人們都是甘心服從他們所認為最能指揮他們的人。
　　——《回憶蘇格拉底》

真正之守禦者，
當兼有哲學精神與魄力。
　　——《理想國》卷1

凡有守禦國家之責者，當摒棄一切，
專以保守其國家之自由為唯一之目的；
凡與此目的相背者，當放棄之。
　　——《理想國》卷1

軍人者，國家賴之以存、人民賴之以安也。
　　——《理想國》卷2

一個將領必須能夠為戰爭的必要事項進行準備，

他必須能為部隊取得糧秣，

必須是一個足智多謀、精力旺盛、謹慎、懂事、

堅忍不拔而又精明強幹的人，

和藹而又嚴峻；

坦率而又狡詐；

善於警惕而又巧於偷襲；

揮金如土而又貪得無厭；

慷慨大方而又錙銖必較；

審慎周詳而又大膽進取。

有許多別的品質，有的是天生的，也有的是學習得來的，

然而都是一個想當將領的所必須具備的。

當然懂得戰術也是好的，

因為陣營嚴整的軍隊和烏合之眾是大不相同的。

——《回憶蘇格拉底》

體格保於勤勞，毀於懈逸。

——《泰阿泰德・智術之師》

蘇格拉底的生平

〔編按・此章係參考維基百科編輯而成〕

　　蘇格拉底（Socrates，公元前470年－前399年），古希臘哲學家，和其學生柏拉圖及柏拉圖的學生亞里士多德被並稱為希臘三賢。蘇格拉底被認為是西方哲學的奠基者。可是他並沒有留下著作，其思想和生平記述都見於後來的學者（主要是他的學生柏拉圖）和同時代的劇作家阿里斯托芬（Aristophanes, 448 BC-380 BC）的劇作之中。

　　蘇格拉底生平，依據古代的記載，蘇格拉底出生於伯里克利統治的雅典黃金時期，出身貧寒，父親是雕刻師，母親為助產士。蘇格拉底的妻子是贊西佩，她替他生下了三名兒子，蘇格拉底死時他們都還很年幼。

　　傳說中贊西佩是一名脾氣暴躁而又嘮叨不休的潑婦。不過這可能是因為蘇格拉底的學生色諾芬（Xenophon, 430 BC-354 BC）對她的誇大描述而造成的。

　　有個著名的故事：一次贊西佩對蘇格拉底大吵大鬧，然後用垃圾和污水澆了蘇格拉底一身，蘇格拉底說：「暴雷之後，必有陣雨。」

　　依據色諾芬的《會飲篇》記載，蘇格拉底曾說要將他自己的一生只貢獻給最重要的技藝或職業：討論哲學。蘇格拉底在他父親死後只繼承了一筆為數不多的

遺產。根據色諾芬的記載，蘇格拉底是依靠學生貢獻的學費維持生計，而阿里斯托芬則描述，蘇格拉底開辦了一個哲學學校。而柏拉圖（Plato, 427 BC–347 BC）的《會飲篇》則記載蘇格拉底明確拒絕接受教學的學費，因此，他有可能是依靠朋友如克力同的施與。

　　蘇格拉底並沒有自己的著作，當代對於蘇格拉底所知的一切大多是來自許多不同的記載：由蘇格拉底的學生柏拉圖所記載的對話錄、色諾芬的著作、以及阿里斯托芬和亞里士多德（Aristotle, 384 BC–322 BC）的著作。

　　除此之外，阿里斯托芬對於蘇格拉底的記載，並非有意記載蘇格拉底的真實生平，而是對他的挖苦和諷刺。另一件複雜的問題在於，古希臘學者常會將他們自己的概念、理論、有時候甚至是個人的特徵，都記載為他們的導師所提出的，而柏拉圖也遵循了這一傳統，因此柏拉圖對於蘇格拉底的記載很可能也參雜了其本人的觀念。

　　在記載中的一些角色，如蘇格拉底的朋友阿爾西比亞德斯在對話錄中指出蘇格拉底曾經在伯羅奔尼撒戰爭中加入雅典軍隊作戰。柏拉圖的《會飲篇》也指出蘇格拉底個人相當的勇敢。在一個場合中蘇格拉底在戰場上緊隨阿爾西比亞德斯的身邊以保護他，或許還拯救了他的性命。

　　身為雅典的公民，據記載蘇格拉底最後被雅典法庭以不虔誠和腐蝕雅典青年思想之罪名（原因是不相信神）判處死刑。儘管他曾獲得逃亡離開雅典的機會，但蘇格拉底

仍選擇飲下毒堇汁而死，因為他認為逃亡只會進一步破壞雅典法律的權威，同時也是因為擔心他逃亡後雅典將再沒有好的導師可以教育人們了。

　　蘇格拉底的一生開始於伯里克利統治的雅典黃金時期，結束於雅典的衰落時期（伯羅奔尼撒戰爭結束後的三十人僭主集團倒台後的時期）。當時雅典正試圖穩定局面並消除戰敗的羞恥感，在三名雅典政治人物的勸誘下，雅典的法庭以不虔誠和腐蝕雅典青年思想之罪名審判蘇格拉底。當時希臘人的文化把天神和女神視為是保衛城邦的重要角色（雅典便是以其保護神雅典娜為名）。雅典在伯羅奔尼撒戰爭中的戰敗被人解釋為是雅典娜對雅典市不敬神的懲罰，而補救的辦法就是懲罰那些質疑雅典娜或其他天神的人。

　　依據柏拉圖《申辯篇》裡所記載的審判記載，蘇格拉底的「罪行」開始於他的朋友凱勒豐在德爾斐的神諭處詢問是否有人比蘇格拉底更聰明；神諭處的回答則是否定的。蘇格拉底解釋這個答案是另一個謎題—要他開始尋找比他更聰明的人。他質問雅典的人們有關他們對於至善、美麗、和美德的看法，發現他們雖然自以為知道很多，實則根本一無所知。蘇格拉底於是總結道：他比其他人聰明的地方僅只在於他承認：「我只知道一件事，就是我什麼也不知道。」蘇格拉底的智慧使得當時那些被他質疑愚蠢的雅典政治人物轉而對付他，導致了這場不敬神的審判。

蘇格拉底最後被判有罪，並被判處死刑。蘇格拉底拒絕了他的學生們試圖安排他逃跑的計畫，飲下毒堇汁而死。依據《斐多篇》記載，蘇格拉底死時相當平靜，堅忍地接受了他的判決。

　　依據色諾芬和柏拉圖的記載，蘇格拉底原本有機會逃跑，他的學生們已經準備好賄賂監獄守衛，在逃跑後蘇格拉底將會逃離雅典。在名畫「蘇格拉底之死」中，蘇格拉底的床下有一塊地磚，描繪的可能就是逃跑的計畫之一。如同蘇格拉底與克力同的對話所顯示的，蘇格拉底拒絕逃跑的原因是因為他了解到他必須遵守這個城邦的法律，服從這個城邦的公民和法官、以及陪審團所審判的結果。否則他便會違反他與這個城邦的「契約」，而這樣做是違背了蘇格拉底所提倡的原則的。

蘇格拉底教學法

　　蘇格拉底對於西方思想最重要的貢獻或許應該是他的

辯證法（用一個問題回答一個問題）來提出問題，這被稱為蘇格拉底教學法或詰問法，蘇格拉底將其運用於探討如神和正義等許多重要的道德議題上。這最早的記載是出自於柏拉圖的蘇格拉底對話錄上，蘇格拉底通常被視為是西方政治哲學和倫理學或道德哲學的奠基之父，也是西方哲學的主要思想根源之一。

　　蘇格拉底認為每個人都生活在「實在」中，但有些人認識不到自己邏輯上的錯誤，因此有各種錯誤的想法。蘇格拉底用一系列的問題協助一個人或一群人來判斷他們的信念，例如神或正義是否存在的問題，指出他們的回答中的漏洞，藉此讓他們認識自己的邏輯和認識上的錯誤。這種方法是屬於假說消除的被動方法，隨著受測者承認更進一步的假說，在消除之前的假說的過程中必然產生矛盾。這種方法是用於逼使一個人檢視他自己的信念和這種信念的真實性。

哲學信仰

　　要研究蘇格拉底的哲學信仰並不是一件簡單的事：由於他完全沒有留下半點自己的著作，我們只能從柏拉圖和色諾芬的記載中加以探索，然而他們兩人的記載又往往是互相矛盾的，因此對於何者的記載更接近真相一直是爭論的話題。有些人認為蘇格拉底其實沒有任何特定的信仰，

而是只會加以盤問每種信仰；在《理想國》中他發表的冗長理論其實是柏拉圖的想法。有些人主張他其實沒有半點自己的信仰和理論，但對此又有許多爭論，因為要從記載中區分柏拉圖和蘇格拉底兩人的概念相當的困難，同時要解釋他們的概念又更為困難。也因此，要從柏拉圖和色諾芬等人的記載中尋找蘇格拉底的理念並不簡單—必須留意這些理念很可能不是蘇格拉底本人所提出的，反而更接近於這些記載者自己的看法。

知識

蘇格拉底經常說他的智慧是來自於體悟到他自己的無知。蘇格拉底可能認為做壞事是無知所造成的後果，做壞事的人必然沒有比他人聰明。唯一一件蘇格拉底經常宣稱擁有的知識是對於愛的知識，並以此聯繫他「對於智慧的熱愛」—例如對於哲學的熱愛。他從來沒有宣稱過他擁有許多智慧，他只不過是比別人更了解到：一個人要追求智慧就必須先熱愛智慧本身。至於蘇格拉底是否相信人類（和天神如阿波羅等相對照）真能變的有智慧也有待爭議。他的確曾經區分愚蠢與理想中的知識的差別；另一方面，他也在《會飲篇》（狄奧提瑪的演講）和《理想國》（洞穴的寓言）中描述了一種累積智慧的方式。

在柏拉圖記載的《泰阿泰德篇》（150a）中，蘇格拉

底曾經將自己比作一個真正的媒人，以對照一個老鴇。這段對話也被色諾芬的《會飲篇》（3.20）記載，不過描述的卻是蘇格拉底開玩笑稱若他當初學習了拉皮條的技藝，必然會替他賺進大筆財產。身為一個哲學講師，蘇格拉底對聽眾的回覆都是為了使他們對智慧的概念更加透徹，雖然他自己都否認他是一名導師（《申辯篇》）。他所扮演的角色，在他看來，稱之為「接生婆」更為恰當。蘇格拉底解釋道他自己並沒有多少理論，但他知道要如何將理論的種子散布給其他人，並能判斷這些理論是否具有價值。

美德

蘇格拉底相信人們最好的生活方式就是專注於發展自己的本能，而不是去追求物質的富裕。他總是鼓勵別人注重友誼關係和參與社會的共同體，蘇格拉底相信這是使人們共同成長的最好方式。他的行為也都實踐了這些原則：到了最後，儘管他有機會可以逃離雅典，但蘇格拉底仍接受了他的死刑判決。他認為私自逃跑是破壞了他的共同體的決定；而如同以上所述，蘇格拉底在戰場上的英勇表現也無人能夠指摘。

蘇格拉底教學中的一貫思路認為人類的確擁有某些美德。這些美德代表了一個人最重要的人品，而之中最居前的則是哲學或智慧的美德。蘇格拉底強調「美德是所有事

物裡最寶貴的東西；一個人最理想的生命是將其一生奉獻
用於尋找上帝。真相被隱藏在陰霾處之下，而哲學家的任
務就是要揭露出他們所知的竟是如此之少。」一個人要真
正做到至善，而不是僅僅依據他的「意見」行動；一個人
必須了解不變的至善本身。

政治

　　蘇格拉底相信「理想存在於一個只有智者才能了解的
世界」，因此有人主張蘇格拉底相信只有哲學家才有這種
能力統治其他人。依據柏拉圖的說法，蘇格拉底對於政治
的特定理念絕非難以理解的。他公開的反對當時雅典已經
長期實行的民主制度。但不只是雅典的民主制度，蘇格拉
底反對所有不符合他哲學中理想國家的政府形式，而雅典
政府也沒有達到這個標準。在蘇格拉底生命的最後幾年
裡，雅典由於政治的動亂而經歷多次大規模變遷，民主制

度最後被軍閥三十人
僭主集團推翻，領導
這個集團的是柏拉圖
的一名親戚克里提亞
斯（Critias），他也
曾是蘇格拉底的學生
之一。僭主集團在暴

虐統治一年後終於被推翻，雅典又重新採納民主制度，當時民主政府還對暴政統治期間的所有有關人士宣布大赦。但僅僅四年之後，民主制度就把目標指向了壓制蘇格拉底上。

對於蘇格拉底所相信的政治理念究竟為何，一直是哲學界最大的爭論之一。最多人同意的一種說法是蘇格拉底並不相信哲學家可以擔任國王的概念，因為蘇格拉底始終拒絕進入政界或參與任何形式的政府運作；他經常指出他不可能去干涉或指揮其他人要如何生活，因為他根本就還沒有徹底了解他自己。哲學家只是熱愛智慧的人，而且也不是真的具有智慧。在遭到五百人會議的定罪後，蘇格拉底接受了他的死刑處分，這也是支持這種論點的證據之一。許多人也主張雅典反民主的潮流是從柏拉圖開始發展的，因為柏拉圖無法接受他的導師竟遭到民主體制如此不平的判決。無論如何，毫無疑問的是蘇格拉底對於三十人僭主集團的厭惡絕對不下於民主制度；當僭主集團要求蘇格拉底協助捕捉一名雅典人時，蘇格拉底加以拒絕並差點因此而遭致生命危險。

在伯羅奔尼撒戰爭中雅典海軍於阿吉紐西群島戰勝，但許多失事船隻的水手沒有獲得救援而死，接踵而來的民怨引發了一場政治風暴。多名海軍的將領被起訴，蘇格拉底擔任了主審官，儘管遭遇強大的民意壓力，蘇格拉底仍堅持依據法令審判，力排眾議反對處死海軍將領，儘管後

來蘇格拉底遭到撤
換，但這起事件成為
蘇格拉底生平中最重
大的政治活動。後來
是民主制度宣判了蘇
格拉底的死刑，依據

蘇格拉底的行動來看，他仍認為三十人僭主集團的專制統
治的正當性並沒有民主制度來得高。

神秘主義

在柏拉圖記載的對話中，蘇格拉底似乎經常顯示出他
神秘的一面，探討轉世以及神秘宗教等議題；不過這通常
被視為是柏拉圖自己添加的記載。無論如何，這並不能排
除一切的可能性，因為我們也不能確保柏拉圖和蘇格拉底
兩人間的真實差異為何；除此之外，色諾芬的記載也顯示
出一些類似的結果。當中最值得注意的是在柏拉圖《會飲
篇》和《理想國》裡的討論，蘇格拉底說到一個人前往美
麗之海凝視至善的理型，如此才能獲得智慧，整段過程幾
乎類似於神秘的神示經驗（這段對話出自《會飲篇》裡，
蘇格拉底對學生演講描述他的導師——女祭司狄奧提瑪探
索哲學的歷程，當時狄奧提瑪甚至還擔心蘇格拉底沒有能
力達到神秘的最高境界）。而在《美諾篇》裡，蘇格拉底

則提起了厄琉息斯秘儀，告訴美諾若要更徹底理解蘇格拉底的答案，他必須加入下週的入會儀式。

　　或許最令人感興趣的部分是蘇格拉底是依賴於一種他所聽到的「惡魔徵兆」聲音來判斷他是否犯下錯誤。也是這種徵兆一直阻止蘇格拉底進入政界。在《斐德羅篇》裡的記載告訴我們，蘇格拉底將這視為是一種「天神的錯亂」，而這種錯亂則是天神賜與的禮物，賦予了我們有關詩歌、神秘、愛、甚至是哲學本身的各種靈感。這種徵兆通常屬於我們稱之為「直覺」的形式，然而，蘇格拉底將這種現象描述為「惡魔」，顯示了它是起源於天神、神秘，而且是不受他自己的思想所控制的。

　　柏拉圖、色諾芬、以及亞里士多德的著作是研究蘇格拉底的主要來源，柏拉圖和色諾芬是蘇格拉底的學生，據推測他們也可能神化了他；無論如何，他們所留下的著作是今天我們所知唯一對蘇格拉底的連貫記載。亞里士多德雖然不是蘇格拉底的嫡傳子弟，但也經常在他的著作中提起蘇格拉底。

對話錄

　　蘇格拉底對話錄是一系列由柏拉圖和色諾芬所寫的對話記載，記載了蘇格拉底與其他當代人物的對話、或是蘇格拉底與他的學生之間進行的討論。柏拉圖的《斐多篇》

便是他晚年的記載之一。雖然《申辯篇》是柏拉圖自己進行的申辯文，但它通常也被歸類為對話錄的一部分。

在柏拉圖的記載中，他通常不會將他的概念藉由某個特定的角色發表，而是將其透過蘇格拉底教學法呈現出給讀者。大多數對話錄多多少少都運用了蘇格拉底教學法，但都沒有像《歐緒弗洛篇》那麼徹底。在這篇對話錄裡，蘇格拉底和歐緒弗洛重複的檢視蘇格拉底提出的問題和其答案「……什麼是敬神，什麼又是不敬神？」

在柏拉圖的對話錄裡，學習似乎是一種回憶的過程。靈魂在進入身體之前是屬於理念的範圍，也只有在那裡它才能真正看清事物的本身，而不是被凡世間的陰影和經驗所掩蓋。藉由回憶的過程，便能將純粹真實的理念帶入靈魂，也因此獲得了智慧。

國家圖書館出版品預行編目資料

在雅典遇見 蘇格拉底／林郁 主編　初版，
　新北市，新視野 New Vision，2021.01
　　面；　公分 --
　　　ISBN 978-986-99649-2-0（平裝）
1. 蘇格拉底（Socrates, 469-399 B.C.）
2. 學術思想　3. 古希臘哲學
141.28　　　　　　　　　　　　109018022

在雅典遇見 蘇格拉底

主　　編　林郁
出　　版　新視野 New Vision
製　　作　新潮社文化事業有限公司
　　　　　電話 02-8666-5711
　　　　　傳真 02-8666-5833
　　　　　E-mail：service@xcsbook.com.tw

印前作業　東豪印刷事業有限公司
印刷作業　福霖印刷有限公司

總 經 銷　聯合發行股份有限公司
　　　　　新北市新店區寶橋路 235 巷 6 弄 6 號 2F
　　　　　電話 02-2917-8022
　　　　　傳真 02-2915-6275

初版一刷　2021 年 2 月